大数据时代

高校思想政治理论课教学改革与创新研究

曹晓冉◎ 著

安徽师范大学出版社

ANHUI NORMAL UNIVERSITY PRESS

·芜湖·

图书在版编目(CIP)数据

大数据时代高校思想政治理论课教学改革与创新研究 / 曹晓冉著 .— 芜湖:安徽师范大学出版社,2024.3
ISBN 978-7-5676-6711-2

Ⅰ.①大… Ⅱ.①曹… Ⅲ.①高等学校—思想政治教育—教学改革—研究—中国 Ⅳ.①G641

中国国家版本馆CIP数据核字(2024)第062670号

大数据时代高校思想政治理论课教学改革与创新研究　　　曹晓冉◎著

DASHUJU SHIDAI GAOXIAO SIXIANGZHENGZHI LILUNKE JIAOXUE GAIGE YU CHUANGXIN YANJIU

责任编辑:阎　娟　　　　　　　　责任校对:刘　翠
装帧设计:王晴晴　汤彬彬　　　　责任印制:桑国磊
出版发行:安徽师范大学出版社
　　　　　芜湖市北京中路2号安徽师范大学赭山校区
网　　址:http://www.ahnupress.com/
发 行 部:0553-3883578　5910327　5910310(传真)
印　　刷:安徽联众印刷有限公司
版　　次:2024年3月第1版
印　　次:2024年3月第1次印刷
规　　格:700 mm×1000 mm　1/16
印　　张:13.75
字　　数:204千字
书　　号:978-7-5676-6711-2
定　　价:58.00元

凡发现图书有质量问题,请与我社联系(联系电话:0553-5910315)

前　言

　　随着移动互联网、物联网、云计算平台、智能化终端等数据来源和承载方式的发展，人类在 21 世纪开启了一个崭新的大数据时代。大数据时代掀起了信息技术领域的革命，引发了人们生产生活、学习工作和思维方式的巨大变革，也引发了思想政治教育学科的深刻变革，对高校思想政治理论课的发展产生了影响。当前，高校思想政治理论课面临着新的发展前景，既迎来了新的发展机遇，也面临着新的挑战。如何抓住信息时代的战略机遇，充分利用大数据资源，守正创新，积极探索思想政治理论课教学的新方法、新模式、新途径，不断增强思想政治理论课的思想性、理论性、针对性、实效性，真正落实好立德树人的根本任务，是当下亟待解决的理论和现实问题。

　　本书以大数据时代为研究背景，重点聚焦大数据时代高校思想政治理论课教学改革与创新，通过对高校思想政治理论课教学现状的把握，分析课堂教学存在的困境，紧密结合学生发展与教师教学实际，深入、细致地提出具有操作性的解决对策，推动大数据时代高校思想政治理论课教学新发展，提升高校思想政治教育教学的实效性。全书共分为八章，第一章主要阐述大数据时代高校思想政治理论课教学改革的必要性；第二章分析了大数据时代高校思想政治理论课教学面临的新情景，

第三章到第八章分别从思想政治理论课的教学内容、教学方法、教学模式、实践教学、教学评价、课程考核方面的改革与创新进行了详细的阐述，对大数据背景下高校思想政治理论课的教学改革提出了参考意见。

曹晓冉

2023 年 2 月

目　录

第一章　大数据时代高校思想政治理论课教学改革的必要性

伴随移动互联网、物联网、云计算平台、智能化终端等数据来源和承载方式的发展，世界已经进入网络化的大数据时代。大数据时代掀起了信息技术领域的革命，引领着人们生活、工作和思维的深刻变革。因而，重视大数据这一战略资源，了解大数据，分析大数据，利用大数据，紧跟大数据时代的步伐是必然的选择。

大数据蕴含巨大信息，因可从数据信息库中挖掘到有价值的信息而受到关注。2011年全球知名思想库麦肯锡发布研究报告指出，大数据已成为重要的生产因素。美国政府将大数据称为"未来的新石油"，并于2012年启动"大数据发展计划"。2012年联合国发布大数据政务白皮书《大数据促发展：挑战与机遇》（*Big Date for Development：Challenges & Opportunities*），提出大数据的出现将会深刻影响社会各领域。根据知网计量可视化分析，大数据已大范围涉及互联网行业、金融行业、物联网行业等。全球范围内，运用大数据推动经济发展、完善社会治理、推进教育变革正成为趋势。我国政府将大数据视为国家基础性战略资源，2015年8月国务院印发《促进大数据发展行动纲要》，同年10月党的十八届五中全会提出实施"国家大数据战略"，强调探寻发挥大数据对变革教育模式，促进教育公平，提升教育对高质量发展的支撑作用。21世纪已经迈入了大数据时代，高校思想政治理论课教学也势不可挡地被大数据的迅猛发展影响着。

在开始研究大数据时代高校思想政治理论课教学改革创新之前，首先要对相关概念进行界定，比如什么是大数据，什么是大数据时代，大数据时代的特征有哪些；还要清楚什么是高校思想政治理论课，大数据时代高校思想政治理论课教学的特征有哪些。只有真正了解和掌握了这些基本概念的内涵，才能确保大数据时代高校思想政治理论课教学方法创新研究朝着正确的方向前进。

第一节　基本概念的界定

一、大数据的内涵及特征

（一）大数据的内涵

共享经济、数字经济、移动支付的快速发展带来了新业态、新模式的发展，我们不难发现，未来应该是互联网、大数据、人工智能与业务深度融合的时代。教育的永恒性决定了它与人类社会共始终，正在与大数据深度融合，以寻求教育教学更好的发展。

1.国外大数据理论发展

麦肯锡全球研究所对大数据做出如下定义：大数据指的是规模已经超过了传统数据库软件获取、存储、管理和分析能力的数据集。并不是大于一个特定数据量的数据就能被定义为大数据，因为随着技术的不断发展，符合大数据标准的数据集规模也会增长，且该定义在不同的行业中也会有变化，这依赖于在一个特定行业中的常用软件和数据集的规模。

维克托·迈尔-舍恩伯格在《大数据时代：生活、工作与思维的大变革》中是这样解释的：一种前所未有的方式，通过对海量数据进行分析，获得有巨大价值的产品和服务，或深刻的洞见。大数据是人们获得新的认知、创造新的价值的源泉；大数据还是改变市场、组织机构，以及政府与公民关系的方法①。

2.国内大数据理论发展

涂子沛在《大数据：正在到来的数据革命》一书中指出：大数据（big data）是指那些大小已经超出了传统意义上的尺度，一般的软件工具难以捕捉、管理和分析的大容量数据。大数据之大，首先在于容量之大，其次在于通过对海量数据的处理，发现新的知识，创造新的价值，带来"大知识""大科技""大利润"和"大发展"②。

无论国内外专家学者对大数据的定义如何，概括来讲，大数据首先是一种思维理念，其次是一种工具，它的海量数据存储包含大量的知识信息，当下我们主要将大数据作为一种便捷获取海量信息的工具。

（二）大数据的特征

大数据是一个规模庞大、包含众多复杂数据，在较短时间内无法利用普通工具进行全方位高效整合、分析和处理的数据集合。大数据价值的发挥主要在于对海量数据的综合运用，这就需要大数据和云计算珠联璧合，透过数据呈现出便于我们决策的可行方案。从无数据时代到小数据时代，再到大数据时代，数据容量增长见证时代发展轨迹。数据使用率的高低也在一定程度上反映了信息网络时代发展的快慢。归结起来，大数据主要具有如下特征。

1.数据量大

大数据包含大容量数据库，特别是随着信息网络技术的发展，数据产生的速度呈几何式增长，而在云计算、云储存等技术发展的背景下，大数据存储量也从 KB 发展至 PB、ZB 乃至 YB。大数据中所包含的数据

---

① 维克托·迈尔-舍恩伯格,肯尼思·库克耶.大数据时代:生活、工作与思维的大变革[M].盛杨燕,周涛,译.杭州:浙江人民出版社,2013:4-9.

② 涂子沛.大数据:正在到来的数据革命[M].桂林:广西师范大学出版社,2017:56-58.

类型很多，个人数据量巨大，并且存在多种数据形式和数据源。随着软硬件设施的发展，我们能够存储与分析的数据容量越来越大，海量性是大数据的一个重要特征。在高校思想政治理论课教学中这一特征表现为，校园网络中的实时数据、教学业务系统生成的数据、校园办公系统和图书馆管理系统生成的数据覆盖校园内所有的学生与教职员工，数据量巨大，数据信息丰富。

2.数据种类多

大数据的数据来源主要是人们在互联网上的行动轨迹，包含多种复杂多变的数据类型，既涵盖表格之类的结构化数据、网页等半结构化数据，也包括音频、视频、图像、位置等非结构化数据。高校数据源可分为三大类：学生的学习、生活、个人表现、日常动态、社交媒体等数据，教师的日常课堂记录、课程计划、试卷分析、教学评估等数据，学校所涉及的其他数据信息。

3.数据处理速度快

科学技术的发展使计算机运算速度越来越快，处理模式也越来越多样化，可以实现实时处理海量数据。在大数据时代，"快餐"文化发展迅速，时间决定机会，机会决定成败，极快的数据处理速度已成为人们在竞争中遥遥领先的优势。在高校思想政治理论课教学中这一特征表现为，在较短的时间里，借助大数据快速处理种类繁多的海量师生数据信息，整理分析出我们所需的信息，把握住高校思想政治理论课教学的时效性，切实提高教学质量。

二、大数据时代的内涵及特征

（一）大数据时代的内涵

2012年，世界各国政府和企业纷纷开始了对大数据的研究。联合国发布了大数据政务白皮书，强调了大数据的重要意义，鼓励各国抓住大数据这个历史性机遇。美国前总统奥巴马积极促进本国大数据相关产业的发展，麦肯锡咨询公司还专门针对大数据进行了调查研究。中国学者们也开始聚焦大数据，2013年被称为中国的"大数据元年"。随着人们对大数据认识的不断深入及其应用技术的不断发展，大数据逐渐广泛应用于政治、经济、文化、社会、民生等各大领域。也正因为如此，人类社会进入了一个不同于电化时代和多媒体时代的又一个崭新历史时代——大数据时代。大数据时代的到来带动了各行各业的创新与升级，正处于大数据时代的我们也将亲身感受到这个时代所具有的独特魅力和巨大价值。

时代划分的主要依据是当时的政治、经济、文化等发展状况，大数据时代也不例外。美国未来学家托夫勒在《第三次浪潮》中提出大数据将在第三次浪潮中"谱写华彩乐章"，预言大数据时代即将到来。全球知名咨询公司麦肯锡公司最早正式提出大数据概念，在《大数据：创新、竞争和生产力的下一个前沿》的研究报告中，麦肯锡指出，在当今世界，分析大数据是支撑新的生产力增长的基础。大数据概念的提出，标志着大数据时代的到来。也就是说，当下我们正处于大数据时代的洪流之中，亲身感受着大数据时代给整个世界带来的馈赠和革新。为了更好地了解大数据时代，笔者将大数据时代的内涵归纳为三个层面。

第一，大数据时代是信息爆炸的时代，这是大数据时代的基本含义，即大数据时代的信息量之"大"已经不是肉眼可查、传统计量工具可算，且大数据将遍布信息传播可及的各个领域，充斥工作生活学习的方方面面。

第二，大数据时代是分析运用的时代，规模再大再有价值的数据如果不能被生产、认知和应用也将成为食之无味的"鸡肋"，而大数据时代则通过有益的分析和有效的运用将"鸡肋"熬制成美味的"鸡汤"，让接触数据、使用数据的人从中汲取养分，获得利益。

第三，大数据时代是技术理性的时代，大数据时代一切皆可量化，一切皆能量化，一切社会现象都可以归结为数字。大数据成为虚拟空间中变抽象为具体的技术工具，成为现实环境里服务于人类各种所需的技术手段。从本质而言，大数据时代是一个提倡技术理性的时代。

（二）大数据时代的特征

时代与年代有所不同，年代表示时间的更替，时代的划分标志着生产方式的变革，代表着一种全新的社会文明形态的到来。大数据开启了重大的时代转型，成为改变人们生活方式和思维方式的新源泉。

维克托·迈尔-舍恩伯格曾说过，大数据开启了一次重大的时代转型。随着大数据逐渐被人们所熟知和其应用领域的不断扩展，我们迎来了一个引发社会深刻变革的大数据时代。大数据时代有着不同于其他历史时期的社会特点，主要体现在以下几个方面。

1.海量化

在大数据时代的社会背景下，人人都是数据的制造者和接受者，每天都会产生不计其数的数据信息。互联网和无线传输技术及相关硬件设备的迅猛发展也为海量数据的爆炸式增长提供支撑。这些在以往的历史时期是从未有过的。

2.可视化

在大数据时代，数据可视化技术实现了用图形、图像、表格等方式对海量数据进行解释和分析。同时，BDP商业数据平台（个人版）、大数据魔镜、FineBI商业智能软件等一些国内的数据可视化工具也给人们的学习和工作带来了极大便利。

3.开放性

大数据时代最显著的社会特点就是开放性。信息采集设备、存储软件、高清摄像头、智能手机将大量数据集聚于公共环境之中，使人们可以更加便利地获取自己想要的数据信息。开放共享的理念正逐渐被大众认可和接受，开放型社会也会朝着公开透明、公平有序的方向继续前进。

4.互动性

人们在大数据时代的社会中，借助互联网实现远程互动，利用移动终端实现时空互动，运用物联网实现物体互动，有效拓宽了人们获取信息的渠道。人与人、人与机器、机器与机器之间的互动性也在不断增强，纷繁的数据在各式各样的互动中相互交流、相互影响。大数据时代改变了传统的交往方式，打破了阻碍大众交流互动的壁垒。

5.预测性

预测的力量是无法估量的，大数据时代是一个可预测的时代。数量巨大、种类繁多的数据依托数据挖掘及数据分析技术的广度、深度和精度，让数据"发声"，为人们的决策提供最佳方案。

三、大数据时代高校思想政治理论课的内涵及特征

（一）高校思想政治理论课的内涵

从内容上看，教育部将高校思想政治理论课设置为五门必修课程，即马克思主义基本原理、毛泽东思想和中国特色社会主义理论体系概论、中国近现代史纲要、思想道德与法治、形势与政策。这五门必修课构成了一个有机的整体。近两年，"习近平新时代中国特色社会主义思想概论"课程由全国重点马克思主义学院率先开设，并已向全国大多数高校铺开。这样思想政治理论课实际上是六门课。其中"原理"课注重基础性和学理性，两门"概论"课注重时代性和实践性，"纲要"课偏重历史性，"法治"课偏重应用性。除此之外，还开设当代世界经济与政治等选修课程，必修课与选修课相互衔接，两者的目标具有一致性。

从性质上看，高校思想政治理论课属于公共必修课的范畴，"公共"即覆盖所有专业所有学科的学生。它是科学性、政治性和德育性的统一。一是科学性。高校思想政治理论课以马克思主义的科学理论为基础进行教育教学，而马克思主义理论是经过实践反复检验得出的科学性真

理性的认识，因而高校思想政治理论课具有科学性。二是政治性。高校思想政治理论课具有强烈的意识形态性和鲜明的政治导向性，其是有意识、有目的、有计划地向学生传输国家的主流意识形态和思想政治文化，意图培养政治意识强、政治素质佳和有政治担当的社会主义建设者和接班人。三是德育性。高校思想政治理论课担负着德育的重要任务，引导和帮助学生形成正确的世界观、人生观、价值观和良好的道德品质，从而促进个体的自由全面发展。这也充分体现了高校思想政治理论课的育人功能。

从作用上看，高校思想政治理论课是高校思想政治教育的主渠道、主阵地。它承担着传播社会主义意识形态，贯彻马克思主义科学理论，夯实学生理想信念基石的使命和责任。不管是从国家层面还是从个人层面来看，高校思想政治理论课都十分重要。国家需要通过高校思想政治理论课向青年一代传播执政理念和指导思想，为青年学生扣好理想信念的第一粒扣子，为祖国未来发展培养有信仰有信念的有志人才。个人通过系统的高校思想政治理论课学习，储备知识，为个人成长发展打好基础的同时，也树立起科学的世界观、人生观和价值观。

（二）高校思想政治理论课的特征

1.思想性

"高校的重要教育职责不仅仅在于传授书本上的'知识'，而更在于'育人'。"①高校教育要帮助学生塑造健全的人格，帮助学生培养独立思考、明辨是非的能力。高校学生的可塑性非常强，他们可能朝着正确的方向发展，成为社会主义的建设者和接班人；也有可能误入歧途，成为社会的危害者。高校思想政治理论课根据当今社会的发展要求，制定相应的教学模式和教学内容。通过理论学习、案例分析、实践锻炼等多种形式，培养德才兼备、全面发展的学生。就这一点而言，高校思想政治理论课明确

---

① 董震，秦龙.高校思想政治理论课教学的课程特点与问题障碍[J].航海教育研究,2012(3)：78.

体现出了高校育人的诉求，其课程设置必然具有鲜明的思想性。

2.政治性

我国是在中国共产党领导下，以马列主义、毛泽东思想、邓小平理论、"三个代表"重要思想、科学发展观和习近平新时代中国特色社会主义思想为指导思想和行动指南的社会主义国家，坚持马克思主义在意识形态领域的指导地位是不可动摇的政治原则和政治底线。高校思想政治理论课是高校学生思想政治教育的主渠道和主阵地，通过思想政治教育，培养出合格的社会主义接班人，从而为社会主义建设事业服务。在这样的前提下，高校思想政治理论课的政治性绝不可动摇。

3.理论性

高校思想政治理论课是一门理论性课程，通过学习马克思主义理论，满足学生对理论知识的渴求。高校学生只有将马克思主义作为自己的行动指南，才能够做到认识真理、掌握真理、信仰真理、捍卫真理，从而把握好自己前进的方向。当然，高校思想政治理论课也需要关注时代、关注现实，但是要强调一个重要前提，那就是理论在把握现实过程中的主导地位，缺乏理论性的高校思想政治理论课是不可能具备其应有的思想性和政治性的。

（三）大数据时代高校思想政治理论课的新特征

"高校思想政治理论课程教学本质上是一种特殊的实践—认识复合活动"①，是教学各要素相互作用的过程。高校思想政治理论课教学不同于其他课程教学，大数据技术的逐步渗透与成熟给高校思想政治理论课教学带来了新的方法。大数据时代的来临，使高校思想政治理论课教学也呈现出了诸多新的特征。

1.教学思维数据化

教学思维决定教学过程。传统教学过程大多依托教学目标及教学经验的积累。在大数据潜移默化的影响中，教育工作者逐渐具备大数据教

---

① 骆郁廷.高校思想政治理论课程论[M].武汉:武汉大学出版社,2006:121.

学思维，不再单纯依靠教学经验，而是通过更加科学、更加有依据的数据化教学思维指导教学过程。在教学内容上，紧紧围绕教学目标与教学实际，利用大数据技术丰富教学内容，多方面、多维度阐释教学内容。在教学方式上，利用大数据个性化预测功能，全方位、多层面、多角度展示思政课教学内容。

2.教育模式科学化

思想政治工作从根本上说是做人的工作，要坚持把立德树人作为中心环节，同时，思想政治理论课作为一门学科，要将定量、定性相结合，辩证地思考育人的问题，才能更好地实现育人的效果。传统的高校思想政治理论课虽然也有定量研究，但因研究方式随机化、研究对象隐藏自我等主客观因素导致数据结构不合理、数据来源不具备普遍性，因而大部分思想政治教育工作者往往从个人的经验、情感出发，进行道德说教，难以进行深入浅出的教育。大数据时代的到来使得教育模式更加科学。对于思想政治教育工作来说，数据呈现爆炸式增长，针对某个环节，可以获得全部信息，不再依赖于随机采样，有助于做出有数据支持的、更科学的决策。

3.教学内容多元化

伴随着经济社会的高速发展、人类生活节奏的不断加快，大家需要以碎片化的时间掌握尽可能多的信息。这也是微博、微信等媒介盛行的重要原因之一。大数据时代，高校思想政治教育工作者要学会充分利用新兴媒体，提升数据技术在高校思想政治理论课中的应用，聚焦社会的热点和学生关注的焦点。以精简化的文本、图片、视频、音频等形式，通过学生喜闻乐见、乐于接受的方式，呈现出思想政治理论课的内容。与传统思想政治理论课的内容相比，这些内容更具即时性、互动性、视觉性，更容易引起学生的注意和兴趣，可以使思想政治理论课真正与学生的思想实际结合起来。

思政课教学内容的选择不同于其他学科。思政课教学内容不是纯理论的，更不是一成不变的。思政课教学内容的选择与传播关乎价值取向的选择与传播，因此更加需要思政教学工作者清晰地掌握思政教育内容的理论逻辑、历史逻辑、实践逻辑，同时要求思政教学工作者与时俱进，以求真务实的态度辨别甄选具有时代性、代表性的教学内容，在课堂上进行思辨性的引导与传授。而大数据时代的到来，帮助教学工作者丰富了教学内容，使教学内容更加全面和多元。

4.教学方式个性化

教学方式决定教学效果，大数据时代使教学方式从单一化向多样化发展，研究对象从静态的、单一的、依靠经验进行组织架构的形式，逐渐向多样化、个性化、唯一化转变。我们利用多媒体开展教学，不再只是传统的灌输式教学，还有讨论、实践等多种教学形式。教学方式是多种多样的，但是在某一具体内容的教学过程中，需要选择某一具体的教学方式。切实抓住重点方向，突出思政教学的主要任务。这就需要大数据的预测功能与个性化服务。通过大数据的个性存储与科学预测，结合教学目标，选准充分展示教学内容的教学方式。坚持特定内容与具体教学相结合，坚持高深理论与具体实际相结合，坚持灌输法与参与式相结合，将生涩的教学内容通过个性化的方式，吸引学生参与到课堂过程中，切实增强思政教学实效性。每一位学生都有不同的思维、行为特征，可以针对不同个体选择不同的教育方法，从传统的"说教式"转变为"参与式"，从"经验式"转变为"共情式"，从"填鸭式"转变为"交流式"，对不同个体进行针对性、科学性的跟踪，从而更好地达到因材施教的教育效果。

第二节　大数据时代高校思想政治理论课
教学改革与创新的必要性和原则

大数据时代在互联网、云计算、物联网等一系列科学技术的蓬勃发展中到来。大数据时代的到来深刻改变着社会的各个领域，对我国高校思想政治理论课的教学产生了深刻影响，也为高校思想政治理论课教学改革创新带来了新的机遇。因此，大数据时代高校思想政治理论课教学改革、创新是十分必要的。同时，在利用大数据改革、创新的过程中也应遵循相应的原则，这样做才能真正抓住机遇、化解难题。

一、大数据时代高校思想政治理论课教学改革与创新的必要性

（一）新技术革命的必然要求

高校思想政治理论课教学内容、方法、模式等不是一成不变的，它会跟随时代的变迁、科学技术的日新月异和大学生思想行为的变化经历一个由实践到认识、认识到实践、再实践到再认识的无限循环过程，并在此过程中不断进行创新和发展。我国高校思想政治理论课教师积极利用不同历史时期所具备的教学条件不断丰富教学内容，创新教学方法，改变教学模式。例如，从最初利用黑板、粉笔到70年代借助录音机、电视等视听技术，80年代借助计算机技术，90年代借助互联网技术，直至今日借助大数据技术。大数据引领了一场新的技术革命，这场新技术革命深刻影响和改变了人类社会生活的诸多领域，也对我国高校思想政治理论课的教学内容、教学方法、教学模式等产生了深刻影响。众所周知，大数据时代下的"90后""00后"大学生眼界开阔、思维敏锐、个性独特，单一枯燥的教学方法无法完全适应当代大学生的学习需求。因此，我国高校思想政治理论课教学内容、教学方法、教学模式等方面要因时而变，利用大数据技术解决长期以来教学内容枯燥、方法单一，缺乏灵活性、多样性、针对性、实效性的突出问题。高校思想政治理论课教师可以利用大数据思维转变传统教学观念、创新教学方法、丰富教学内容，从而激发学生的学习兴趣；还可以运用大数据分析技术，在遵循大学生思想政治教育规律和其身心成长规律的基础上，采取线上线下

相结合等多种方式开展教学活动，使思想政治理论课教学多元化、个性化、精准化，赋予高校思想政治理论课新的时代活力。

（二）加强和改进大学生思想政治教育的需要

高校思想政治理论课作为大学生思想政治教育的主要渠道和基本形式，其变化和发展对大学生思想政治教育起到重要的作用。大数据作为一种新的发展态势，应汲取其有益因素应用于高校思想政治理论课创新建设。首先，拓宽大学生思想政治教育视野的需要。大学生思想政治教育不仅要着眼于民族特色，富含家国情怀，更要展现世界格局，凸显国际眼光。大学生作为思想政治教育的主体，社会主义事业的培养对象，也需要具备世界眼光和全球意识。其次，丰富大学生思想政治教育内容的需要。大数据以其规模之大、种类之多、速度之快等显著特征为大学生思想政治教育提供大数量、多种类、高速度的数据信息，以方便快捷的形式对大学生思想政治教育内容进行筛选、分析、甄别，也可在原有内容基础上进行有益补充。最后，创新大学生思想政治教育方式的需要。大数据本质上是一种工具和手段，只有在应用过程中才能体现它的价值，将大数据运用到高校思想政治理论课建设之中，不仅是技术创新，更是价值回归，给大学生思想政治教育提供了新的方式。

（三）满足当代大学生个性化学习的需要

1.大学生思想观念发生了深刻变革，主体意识增强

马克思指出："人们的意识，随着人们的生活条件、人们的社会关系、人们的社会存在的改变而改变……"[①]大数据时代，人人都有一个"麦克风"。第51次中国互联网络发展状况统计报告显示：截至2022年12月，我国网民规模为10.67亿，互联网普及率达75.6%，超过全球平均水平。其中，我国手机网民规模达10.65亿。从年龄结构看，10～39岁群体占整体网民的48.1%，其中20～29岁年龄段的网民占比达14.2%。

---

① 马克思恩格斯文集：第2卷[M].北京：人民出版社,2009:50-51.

从学历结构看，受过大学专科及以上教育的网民群体占比为19.5%[①]。无论从学历结构还是从年龄结构看，大学生都成为促进网络发展的重要力量。大学生可以通过网络了解国家大事，也可以通过网络表达自己的观点、意见，这在客观上促进了大学生主体意识的增强。

2.大学生知识储备迥异，迫切需要个性化教学

当代大学生由于生活环境不同、阅历不同、兴趣爱好不同和知识储备不同，迫切需要根据自己的实际情况进行个性化学习。大数据使个性化教学成为可能。第一，教师可以通过大学生的上网行为了解大学生的兴趣爱好，知晓大学生目前的关注点，进行有针对性的备课。第二，教师可以通过学生回答问题的情况，了解学生的疑难困惑，进行有针对性的考核。第三，大学生可以根据自己的知识储备有选择性地学习，对已了解的知识点浏览教学视频，对不了解的知识点反复看、认真看教学视频。第四，大学生可以根据自己的知识掌握情况，与教师、同学进行互动、沟通、交流。第五，大学生可以通过网络智能软件，选择一对一的辅导教师。

（四）提升高校思想政治理论课教学实效性的需要

如何提升教学实效是每一位高校思想政治理论课教师在教学过程中都会遇到的问题，教学实效的高低不仅关乎教师教学能力的评价，而且对于衡量学生是否真正学有所得具有重要意义。传统的高校思想政治理论课教学实效性欠佳，往往是因为技术条件的制约，使教师对教学方法的选取和使用不当。以往的高校思想政治理论课教师大多数情况下采用千篇一律的教学方法进行授课，一味地照本宣科使大学生失去了学习的热情。思想政治理论课也因此被误认为是"可有可无""作用不大"的课程，进而导致高校思想政治理论课的教学实效不尽如人意。然而，大数据时代为高校思想政治理论课提供了丰富的教学资源，高校思想政治

[①] 中国互联网络信息中心.CNNIC发布第51次《中国互联网络发展状况统计报告》[EB/OL].（2023-03-02）[2023-08-05].https://www.cnnic.net.cn/n4/2023/0302/c199-10755.html.

理论课教师不再局限于固定教材的讲授，而是利用丰富的教学资源、创新教学方法进行教学活动，有效避免了"一刀切""满堂灌"现象的发生。同时，大数据时代还为高校思想政治理论课教师更全面地了解大学生的所思所想提供便利。教师利用大数据技术对学生上网的数据进行分析，将学生共同关注的热点话题与理论教学相结合，选取针对性较强的教学方式组织精准教学。这样在了解学生真实诉求的基础上既实现了师生间的同频交流，让广大学生提高了对高校思想政治理论课的认可度和喜爱度，也提升了教学实效。

（五）推动教育公平的需要

1.传统课堂教学造成资源不平衡，加剧教育不公平

在传统课堂教学模式下，教师受制于课堂，由于名校有限、名师有限，总是只有部分学生可以享受到优质的教育资源。这种不平衡的教育资源在无形之中造成教育的不公平。

2.在线教育创造教学资源，促进教育公平

2015年，《国务院关于印发促进大数据发展行动纲要的通知》（国发〔2015〕50号）明确指出："探索发挥大数据对变革教育方式、促进教育公平、提升教育质量的支撑作用。"[①]在大数据时代，慕课、翻转课堂、微课、O2O等更具有信息化特色的教学方式已经广泛应用在课堂中。教师授课不再局限于教室，而是走出教室，走进网络，学生既可以在网上进行自主学习，又可以在线与教师进行沟通交流。这种教育模式打破了传统授课地域、时间的限制，让学生可以随时随地地学习，为个性化教育、终身教育、教育公平提供了平台保障、资源保障。

---

① 国务院.促进大数据发展行动纲要[EB/OL].(2015-09-05)[2023-08-05].http://www.gov.cn/zhengce/content/2015-09/05/content_10137.htm.

二、大数据时代高校思想政治理论课教学改革与创新的原则

近年来，我国先后出台了《促进大数据发展行动纲要》《加强信息共享促进产融合作行动方案》《关于运用大数据加强对市场主体服务和监管的若干意见》等政策法规，积极推动了我国大数据的发展与应用。高校思想政治理论课教学利用大数据改革创新是对我国实施大数据战略的积极回应。没有规矩不成方圆，在借助大数据进行高校思想政治理论课教学改革创新的过程中应遵循相应原则，主要包括数据信息采集方式的合法性原则、数据指标体系设计的完整性原则、数据信息关联性描述的客观性原则等。

（一）数据信息采集方式的合法性

对大学生数据信息的采集是高校思想政治理论课利用大数据改革与创新的前提与基础，主要通过线上学习平台和线下学习环境获取大学生的学习数据和生理活动信息。数据信息采集方式的合法性原则是指无论采取哪种数据信息的采集方式，都必须在法律法规允许的情况下进行，不能以不正当的方式采集大学生的数据信息。只有在遵循数据信息采集方式合法性原则的基础上，才能更好地利用大数据技术捕捉大学生的实时传感数据，为高校思想政治理论课教学方法创新提供精准依据。

（二）数据指标体系设计的完整性

数据信息的采集、使用和管理需要数据指标体系作为支撑，数据指标体系的设计关乎大数据对大学生思想行为予以分析和预测功能的有效发挥。因此，高校思想政治理论课利用大数据创新时应遵循数据指标体系设计的完整性原则。数据指标体系设计的完整性原则是指根据大学生自身实际选取恰当的数据指标，形成一个全面完整的数据指标体系。数据指标体系的设计主要由硬件和软件两部分构成。硬件由各种类型的传

感器构成，负责采集大学生的图书借阅数据、食堂消费数据、寝室门禁数据、视频数据等；软件由各类虚拟系统和平台构成，负责采集系统运行过程中产生的数据。

（三）数据信息关联性描述的客观性

数据是对现实事物的逻辑归纳，数据之间存在关联性。数据信息关联性描述的客观性原则是指在对采集到的大学生数据信息进行关联性描述的过程中要做到客观、准确、可靠，不能随意夸大和进行主观评价。数据信息关联性描述的客观性可以帮助高校思想政治理论课教师更深入地了解大学生，对大学生的思想行为变化进行预测，为高校思想政治理论课教学方法创新提供参考。

第二章　大数据时代高校思想政治理论课
教学面临的新情景

　　当前，以互联网为代表的信息技术飞速发展，并在人们工作、生活中广泛运用，大数据时代逐渐开启。大数据时代的到来无疑将对我国高校未来教学模式和教育方式产生巨大影响。随着多媒体教学和网络课程的实施，高校思想政治理论课受到很大的影响。在大数据的冲击下，高校思想政治教育教学模式将面临巨大的变革压力。清晰地认识大数据带来的挑战，并基于这些挑战主动改变教学观念、变革教学模式、创新教学方法，是大数据时代高校思想政治理论课教学面临的新情景，也是摆在每一位高校思想政治理论课教师面前的一个重要课题。

　　大数据时代的基本特征就是信息总量大而杂、传播速度快而广。信息总量大而杂，意味着我们可以从中便利地获取极其丰富的教学资源，但同时其也不可避免地裹挟了不利于大学生成长的负面信息。传播速度快而广，为大数据时代思想政治理论课教学提供了较为便利的技术条件，同时也大大拓展了大学生获取信息的渠道。大学生的基础知识、思想行为和价值判断不再仅仅受思想政治理论课的影响，而是受到多方面综合作用的影响。大数据时代的基本特征显示了其"双刃剑"的特性：既可以为思想政治理论课提供支撑，也会削弱思想政治理论课的效果；既为高校思想政治理论课带来了前所未有的发展机遇，也带来了前所未有的挑战。高校思想政治理论课要充分抓住大数据时代带来的机遇，迎接大数据时代带来的挑战，扬长避短，趋利避害，不断推动教学改革与创新，增强教学实效。

第一节　大数据时代高校思想政治理论课面临的机遇

利用大数据，把握大数据时代的现实环境给高校思政课教学带来的各种有利条件，并应用它、扩展它，才能提升思政课教学的实效性，增强教师队伍和教育对象的综合素质。

一、大数据时代变革了高校思想政治理论课的传统教学方式

大数据技术的应用与发展，丰富了高校思想政治理论课的教学方式、思路。

（一）创新思想政治理论课教学体系

高校思想政治理论课以往主要是教师主导、课堂讲授、案例教学相结合的教学模式，这样的教学模式有其优势，但其弊端也很突出。教师虽然卖力地将知识不断地灌输给学生，但由于学生处于被动地位，很难跟着教师高效持续地完成教学内容、实现教学目标。再加上思政课并不是学生的专业课程，尽管教师力图实现与学生之间深层次的互动，但是互动不尽如人意。在传统的教学模式中，师生的积极性和主动性都在不断地消磨，也因此会产生学生不愿听、教师难教的问题。大数据时代下的分析技术的不断完善，为高校思想政治理论课教学困难局面的改变提供了契机，为教学中主客体难题的解决提供了机遇。

大数据时代思想政治理论课教学体系日益互联网化，教学载体不断更新，多媒体、网络教学、翻转课堂、慕课等多形式的载体不断丰富着教学形式，加上学生使用智能手机和移动终端在网络上活动的时间不断

延长，使学生更容易接受新载体。这为高校思想政治理论课教学与物联网、云计算、智能设备等大数据相关技术的结合提供了便利。教师在利用大数据技术丰富教学资源的过程中也在不断强化特色和针对性，创新教学实施体系，实现思政课教学与大数据在线平台的融合，联通传统课堂与网络课堂。

（二）助力思想政治理论课教学资源的丰富完善

大数据云传输和云共享技术有助于实现资源共享，丰富、整合、优化教学资源是上好思想政治理论课的前提。对于教师而言，收集、甄别、分析教学资料和教学案例是上课前的重要准备。思想政治理论课是以培养大学生世界观、人生观、价值观为主要内容的，并与现实紧密联系的理论课。因而，思想政治理论课既要有理论的高度，也要有现实的基础。这就需要教师不仅要拥有马克思主义基本理论知识，还要有哲学、政治学、心理学、教育学等广博的知识；不仅要对社会现实和我国经济社会发展有全面的了解和深刻的感悟，还要从中寻找适合教学主题的教学案例，传递理论知识，引发学生思考，以达到"文以载道"的效果，提高思想理论的说服力和影响力，提高教学效果。在大数据时代，信息技术的发展和广泛运用，为整合思想政治理论课教育资源、实现资源共享提供了条件。教师可以轻松地从网络上收集所需的知识和信息，特别是各类思想政治理论课资源库和咨询平台，各类思想政治理论课精品在线课程，以及由教育信息公司设计的各类教学平台等，都直接服务于思想政治理论课，实现了全国思想政治理论课信息同步、资源共享。巨量的教学资源有助于教师根据不同学校、不同专业、不同学生、不同课程，设计不同的教学案例，选取合适的教学资源，优化教学内容，提高教学效果。

（三）促进思想政治理论课教学过程的开放互动

在教学过程中，教师、学生和教学内容是影响教学效果的基本因素。这三个因素的有效协调能形成巨大的教育合力，推动教育教学取得良好的成效。但在实际操作过程中，有的高校思想政治理论课教学局限在每学期32课时，每周2课时的既定框架内，学生在课堂上也只是粗略地了解课程的核心内容。思政课教师一般承担着整个学校的公共课教学任务，想要深入了解每个学生的学习状况显然力不从心，因而教学过程也长期处于相对封闭的状态。运用大数据云计算开发的教育信息服务平台，将教学、教务、教研等进行分模块管理，能为教师工作省去烦琐的环节，也能更清晰地了解到教师的工作情况；运用大数据分析技术对学生的学习状态和知识建构进行深度评估，可以更直观地了解学生的知识能力提升空间。

高校思想政治理论课因其本身的意识形态性和政治理论性，总带给学生一种严肃说教的感觉，学生对这种面对面的思想灌输容易产生逆反心理。大数据帮助教育主体隐匿身份进行意识形态宣传[①]。学生在虚拟的网络平台上进行交流能够减少束缚，以更轻松自在的状态袒露自我，教师也能借助大数据这个"第三只眼"了解到更加真实自然的学生状态。一方面可以让学生添加"别笑我是思修课"等微信公众号，通过学生阅读、点赞、评论的数据情况了解学生的学习需求和思想动态，同时对学生的评论和意见给予正面的回复；另一方面通过建立思想政治理论课精品课程网站、智慧校园在线课堂、在线学习平台等课程网络阵地，实现师生线上线下的实时交流，促进教学过程的开放互动。

二、大数据时代优化了高校思想政治理论课的系统性

大数据时代，海量的数据拥有"海纳百川"的包容力，它覆盖了社会生产生活的全领域，囊括了个人学习工作的全过程，只要能够产生数据的地方都会被记录、被储存。人们产生、分享和消耗的数据量无穷无尽。IDC（International Data Corporation，国际数据公司）在《2020年的

---

① 肖唤元,秦龙.论大数据与意识形态治理[J].社会主义研究,2016(2):23.

数字宇宙》研究报告中指出：2005年全球产生的数据量为130EB，2010年的数据量为1.2ZB，2015年全球数据量达到近8ZB，2020年将达到40ZB[①]。可以说，大数据以其爆炸式增长的态势不断刷新着人们对大规模的认知。在大数据时代高校思想政治理论课的建设中，大数据的大规模特征符合课程内容的系统性和对象的系统性。

大数据的大规模特征符合高校思想政治理论课程内容的系统整体性。大数据的大规模特征体现在系统地反映全体数据信息，而高校思想政治理论课程内容也是一个结构合理、功能互补的完整体系。

首先，高校思想政治理论课是必修课程与选修课程的有机整体，必修课程比较固定，有利于巩固思想政治理论的主阵地；选修课程相对开放，有利于学生开阔视野，扩大学生的知识面。大数据既可以囊括必修课程的全部内容，辅助实现其相对稳定性，又能紧密联系形势，与选修课程的流动性和即时性保持同步。

其次，高校思想政治理论课也不是五门课程的简单叠加，五门必修课程的内容体现了理论知识与实际运用、历史过程与现实形势、法律知识与道德修养、社会层面与个人层面的有机统一。

最后，每门课程本身也具有明显的整体性和综合性，以"思想道德与法治"课为例，这门课是道德教育与法律教育的综合，两者相辅相成，缺一不可。可见，高校思想政治理论课程之间的系统整体性和课程内部的系统整体性与大数据对整体的关注和把握不谋而合。

大数据的大规模特征符合高校思想政治理论课程对象的系统性。高校思想政治理论课的对象活动范围绝不仅限于课堂上，广阔的课外空间也是其成长的场域，学习、生活、工作、娱乐等方方面面构成了思想政治理论课对象的系统整体性，而思想政治理论课教师很难全部涉及。大数据作为人的新的存在方式，即数字化的存在方式，将活生生的人转化成了"数据化"的人，并为每一个人勾勒出了一幅数字画像。这源于人们进行的任何涉及大数据的行为都会留下数据痕迹。大数据可以对所有

① 郎为民.漫话大数据[M].北京:人民邮电出版社,2014:13.

大学生的思想、行为等进行全程、全方位、立体化的记录，这些数据信息几乎涵盖了大学生的活动场域。用大数据来记录大学生衣食住行全过程，了解分析大学生的思想行为和动态，符合高校思想政治理论课程对象的系统整体性。

三、大数据时代提升了高校思想政治理论课的时效性

大数据具有高速性的特征，是指数据产生和更新的频率快。极快的信息传播速度带来了不同个体、不同地区间信息传播速度的大幅度提升，大数据的高速度传播得以实现源于解决了对时刻产生的数据进行分析和处理的难题，从而及时满足数据使用者的需求，保证相关数据流动和利用的时效性。大数据的高速度运行是大数据存储技术和处理技术不断更新和完善的结果。一方面，网络存储、云存储等使数据存储更方便快捷，且大大缩短了海量数据存储的时间，解决了海量数据堆积的难题。另一方面，对不断流入的大量数据（流数据）进行处理的流数据处理技术，实现了对海量数据信息的实时记录。这种实时数据处理技术，使输入数据到输出结果之间的延迟可以控制在百万分之一秒的级别，也就是实现了每秒数十万到数百万条数据的超高速度处理①。

高校思想政治理论课承担着传播社会主义意识形态的任务，传播速度上的滞留或者延误很可能为西方意识形态的渗透提供可乘之机。以"形势与政策"课为例，这门课程与实际联系紧密，具有即时性，其开设就是为了帮助学生及时了解和掌握最新国内外形势以及党和国家方针政策，无论是形势教育还是政策教育，其内容都呈现出动态的发展性，需要教育者和教育对象第一时间予以把握和关注。

基于以上分析，大数据的高速度特征正好迎合了高校思想政治理论课教学时效性的需要。首先，大数据的高速性可以保证学生行为数据的实时记录和随时存取，在数据产生之初就保证了它的即时性和时效性。

---

① 城田真琴.大数据的冲击[M].周自恒,译.北京:人民邮电出版社,2013:46.

其次，数据信息获取的实时化为教育者掌握第一手学生资料提供了技术基础，信息获取与信息存储、信息分析的同步化使教育者能够即时把控学生思想动态和行为趋向，把握教育的关键时机。最后，大数据的高速度传播同时提高了高校思想政治理论课相关理论的传播速度，基于理论传播的时效性，社会舆论的宣传成效将得以强化，影响力也会大幅度提升。搭上大数据"急速快车"的高校思想政治理论课将更加深入人心，在与时间赛跑中向学生传递出更多有益的价值和情感，进而实现教育效果的最大化和最优化。

四、大数据时代实现了高校思想政治理论课的对象主体化

大数据类型繁多且日益丰富，包括文字、视频、图片、文件、符号、域名等，这些信息通过计算机、智能手机、平板电脑等各种载体进行传递和收集。这些载体正是当前高校思想政治理论课教育对象频繁接触和日常使用的。多样的大数据类型能够满足高校思想政治理论课教育对象的心理、感官和认知需求，丰富其精神世界，使其在高校思想政治理论课中充分发挥自身主体作用，承担主体责任。

（一）种类繁多的大数据可以丰富教学形式，提升教育对象的自主性

传统的高校思想政治理论课中，教师通常处于主体地位，教师采取何种方式进行教学，学生就被动接受何种方式，且多以理论讲授和课本剖析为主，学生的自主性很难得到体现，学生的课堂积极性不高。大数据时代的高校思想政治理论课为教学对象的自主选择提供了更广阔的空间，学生可以通过音频、视频、图片、幻灯片等多种形式进行学习，选其所好，择其所需，同时层次分明、板块清晰、难易有序的线上学习平台也为教学对象的自主学习提供了可能。

（二）多类型的大数据能够充分调动教育对象的能动性

大数据时代，教育对象的学习选择空间变得更加广阔，从课内延伸到课外，从课堂扩展到生活，超越了时空的限制，随时随地学习成为可能。教育对象可以在高校思想政治理论课中积极发挥主观能动性，在理论学习中结合实践，在实践活动中学习理论，把两者物理空间上的分离转变为虚拟空间中的紧密连接，最终内化为自身的思想政治素质和个体自主行为。

（三）类型丰富的大数据可以激发教育对象的创造性

各式各样的数据信息通过多种形式刺激教育对象的感官，促使其大脑活跃起来，从而激发其思维。在各种观点的碰撞和摩擦中，教育对象可以在对课程理论有了新的认识的基础上进行创造性运用，最终将这些理论融入教育对象的思维体系中。多类型的大数据推动教育对象的思维方式由单一转向多元，通过运用各种思维方式，创造出新观点、新知识、新方法，将思想政治理论课的成果推向新的高度①。

五、大数据时代实现了高校思想政治理论课的育人个性化

基于不同个体成长环境和发展需求的差异，传统高校思想政治理论课教学模式的单一化、教育目标的普遍化与教育对象多元化的思维方式及个人需求的多样性相冲突，不符合高校思想政治理论课教育的规律和受教育者身心发展的规律。针对教育对象思想观念多元、行为方式多变的现状，高校思想政治理论课应更加注重以人为本、因材施教，将思想政治教育目标与个人发展实际相结合，"有的放矢地解决不同层次、不同类型教育对象的各种思想矛盾与问题，使教育对象更加认可、理解、

---

① 陈军,张云德.高校思想政治理论课中的大学生主体性探析[J].思想政治教育研究,2011(2):83.

接受思想政治教育，实现思想政治教育传播的个性化与精确化"①。

"数据是分析刻画和评价人的思想行为的基础和前提。"②大数据时代通过数据分析可以将数据使用用户分成不同群体，甚至可以直接针对独立的个体进行个性化分析，精确到人，精确到事，从而针对不同的教育对象进行精准发力。大数据的精确性特征贴合高校思想政治理论课育人个性化的要求，并为构建个性化的高校思想政治理论课模式提供了基本遵循。大数据平台可以根据受教育者产生的数据信息精确化地分析不同性格、不同认知、不同层次的个体的基本情况，具有较高的真实性和可信度。一方面，借助大数据技术，可以破解传统的经验方法难以获取受教育者真实有效的思想这一难题，通过对受教育者相关数据的搜集取证，筛选分析出更贴近其心理活动状态的信息，充分了解其思想动态发展的趋势，帮助教育者做出合理正确的逻辑判断而非经验判断。另一方面，将大数据分析技术运用到高校思想政治理论课内容传播中，可以从纷繁复杂的海量教育信息中分离出有效教育信息，避免大量无效教育信息的无用堆积，同时从有效教育信息中提炼出最科学最有益的思想政治教育信息作为教育内容，确保受教育者接收到科学准确的信息。

六、大数据时代提升了高校思想政治理论课的教师素质

大数据素养是对数据进行采集、管理、处理、分析等所需的素质和能力，是对媒介素养、信息素养等概念的一种延展。在纷繁复杂的大数据环境下，教育者原有的知识和能力结构已经不足以应付可能出现的一系列新情况、新问题。大数据时代下的高校思想政治理论课教师不仅需要有扎实的专业知识和学科背景，更需要具备一定的数据素养，而这也正是当前大多数思想政治理论课教师有所欠缺的部分。大数据时代对教

---

① 刘辉.大数据时代思想政治教育的微传播化[J].思想理论教育,2014(6):83.

② 李怀杰,吴满意,夏虎.大数据时代高校网络意识形态建设探究[J].思想教育研究,2016(5):77.

育者的大数据素养提出客观要求，促使教育者时刻保持学习的动力和创新的热情，在一定程度上可以倒逼高校思想政治理论课教师个人素质的主动提升，其中以数据收集与辨别能力、数据分析与处理能力、舆论把控与引导能力的提升最为显著。

数据收集与辨别能力是首要的也是最基础的一种数据素养。在纷繁复杂的数据洪流中，高校思想政治理论课教师需要找到与其研究目标相关的教育对象的数据信息，无异于大海捞针，因此借助大数据技术进行筛选就显得尤为必要，这一过程的实现也是以教育者具备一定的数据收集和辨别能力为基础的。

当高校思想政治理论课教师通过收集筛选获得真实有效的数据结果后，需要对其进行一定的分析和处理，通过行为数据的极端值、平均值和波动幅度等因素来判断学生在心理、生活和学习上是否出现异常或者不良的发展倾向，这需要教育者具备一定的数据分析和处理能力。这种能力具有较强的技术性和操作性，是很多专业课教师并不擅长的，但大数据时代的发展加速教育者对这一特点的适应，促使其在教育过程中不断提升自身的数据分析和处理能力。

舆论把控和引导能力需要教育者培养敏锐的洞察力和快速的反应力，教育者需要对当前复杂的社会环境和热点问题进行及时、理性、客观的分析和研判，围绕学生关注的问题进行正确的引导，掌握舆论的话语权和主动权。出现突发情况时，教育者更要做出快速反应，当机立断，及时纠正不良的言语和行为。

第二节　大数据时代高校思想政治理论课面临的挑战

在大数据时代背景下，高校思想政治理论课教学既面临着前所未有的机遇，也面临一定的挑战。大数据技术的发展为高校思想政治理论课教学创新提供了新的改革契机，但同时也暴露出一些问题。

一、大数据时代对高校思想政治理论课教学内容的挑战

（一）大数据时代增加了教学内容的复杂性

大数据时代，海量的数据为高校思想政治理论课带来丰富教学资源的同时，也增加了高校思想政治理论课程内容的复杂性，体现为关键内容的甄别、无用内容的堆积以及不良内容的隐蔽性所引发的挑战。巨量数据信息的涌入使教师眼花缭乱，无法迅速判断出可以为自己所用的有益资源，需要仔细甄别，最终将关键内容剥离出来。这一过程不仅需要较强的主观能力，还必须具备充分的客观条件。巨量的信息也会带来无用信息的大量堆积，对这些无用信息的合理化处理也使数据采集和数据分析变得复杂，人们不仅需要从大量信息中剥离出有益信息，还要将无用信息进行剔除，这些都需要运用大数据复杂的算法技术。而最终甄选出来的内容是否真正与高校思想政治理论课内容相符合也需要进行进一步的匹配和考量。大数据因其数量巨大的特征导致数据价值的分布密度较低，存在一定的隐蔽性，瞬时更新和高速流动的信息资源能够在虚拟空间留下痕迹，也可能藏匿和夹杂在关键内容之中，暗含一些不良甚至非法信息，混淆接触者的视听，而具有隐蔽性的不良内容一般是很难被发现和识别的，人们很有可能被其利用而浑然不知。因此，高校思想政治理论课的内容教学在大数据的影响下愈加复杂。

（二）大数据时代削弱了教学内容的有效接收

便捷的移动网络设备，全覆盖的网络生活空间，使得当前许多大学生过上了"一机在手，机不离手""一机在手，天下我有"的日常生活，他们每日耗费大量时间在纷繁复杂的数据流中穿梭流连，获取各类信息，这在很大程度上冲淡了课堂学习的效果，甚至会覆盖思想政治理论课上学习的知识内容。大数据在一定程度上削弱了学生对高校思想政治

理论课教学内容的有效接收。课堂上，大学生被网络信息巨大的力量所吸引，纷纷沦为"低头族"，无法充分实现课堂学习的预期效果。课堂外，也鲜有大学生真正利用大数据资源进行知识拓展学习，而是将大量精力投注于休闲娱乐，学习成效很难保证。另外，大数据时代海量信息纷繁复杂，许多学生难以判断和甄别信息的真实性和可靠性，开放而自由的数据信息中不乏西方价值观的渗透，这使某些学生对现有的思想价值观念和主流意识形态产生认同困境。

（三）大数据时代分散了教学内容的核心焦点

高校思想政治理论课承担着对全体学生开展系统的马克思主义理论教育，传递社会主义意识形态的重要任务。其内容设置系统严谨，重点内容突出明了。而大数据的冲击使学生对核心内容难以聚焦。从数量上看，大数据带来的海量数据信息湮没了课堂学习的知识信息，学生接收到的非核心内容不计其数，大量相关度不高的周边信息充斥着学生的大脑，可能会导致其难以辨别而感到迷茫；从包装上看，大数据裹挟而来的海量信息往往包装精美，通过新鲜的文案标题、奇异的语言表达或者独特的结构形式进行传播，更容易夺人眼球，吸引着大学生不自觉地向其靠拢而忽视其本质内核；从结构上看，高校思想政治理论课的内容完整、科学而且系统化，需要经过长期的学习才能理解和把握，而大数据信息则碎片化、零散化，更新速度快而且容易被理解和接受，学生更乐意花短暂的注意力去关注短小精悍的内容，这样会分散对高校思想政治理论课内容的注意力。

二、大数据时代对高校思想政治理论课教学模式的挑战

（一）大数据时代弱化了课堂教学的主渠道

课堂教学作为传统的教学方式，一直以来都是高校思想政治理论课

教学的主渠道。教师根据现有的教学内容和预设的教学目标，把控教学进程的主动权，向学生传授备好的知识内容并视现实的课堂情况进行适当的知识拓展。大数据带来的海量信息以数量和速度的绝对优势冲破了课本教材和传统课堂的限制，给大学生带来了全新的学习体验，受教育者可以通过各种移动设备随时随地上网，并根据自己的实际需要在海量数据中获得丰富的教学资源。获取知识的途径多样化使课堂教学在整个教学活动中所占的比重降低。过去教师为学生规划的课前预习—课上听讲—课后作业的线下教学模式现在完全可以转移到线上教学模式去完成，学生可以在线上提前了解学习提要，并进入线上教学模式中听取自己想要了解的模块，根据自身接受情况得到学习进度的调节和重难点内容的回放，线上的课后作业可以在最短时间内得到批改和评价，让学生及时反思，迅速巩固所学知识，各个击破重点难点。线上教学模式虽然不能完全替代传统的课堂教学，但其个性化的设定和开放性的模式已经得到大众认可并得到一定推广，这弱化了传统的课堂教学在高校思想政治理论课中起到的重要作用。

（二）大数据时代影响了实践教学的开展

高校思想政治理论课实践教学是在课堂教学的基础上进行的一种教学形式，通过多种实践形式深化课堂教学中学习的知识和内容，帮助学生学思结合，知行统一，更好地理解课堂教学中所学的知识。实践形式多种多样，内容丰富多彩，可以依据现实条件和实际需要选择在校内或者校外开展，比较常见的有带领学生参观博物馆、纪念馆、展览馆；邀请相关领域的专家学者就相关主题做主题报告、各类讲座等；引导学生深入基层参与社会调研，从事形式多样的志愿者服务活动等。实践教学的开展能够在高校思想政治理论课教学中发挥独特的作用，但也存在一系列问题，比如经费保障不够、重视程度不够、内容形式固化等。实践教学本身亟待解决的难题加上大数据推进的线上教学的冲击，使实践教学的开展压力重重。线上教学除了以音视频形式进行课堂内容的同步讲授外，也有一些关卡任务的设置，需要学生通过完成相应的任务进行打卡或者获得积分，达到一定的额度，从而表示这一阶段学业任务已完成。在虚拟网络中，已经出现了类似于实践养成类的公益活动，比如捐献每日步数为贫困山区的孩子筹款，开启蚂蚁森林积累绿色能量，种植树木领取环保证书等，这类虚拟空间内的实践活动，也带有公益性的实践性质，而且具备形式新颖，耗费较少人力、财力、物力的优点，它是对现实空间中的实践教学的一种补充，影响真实生活中实践教学的开展。

三、大数据时代对高校思想政治理论课教学环境的挑战

（一）大数据时代改变了外在的社会环境

思想政治教育过程就是教育者与受教育者以及工作环境之间信息的流通过程[①]。教育者与受教育者接受和发出的信息自然以具体环境为纽带进行传递，大数据改变了人类社会的宏观环境，比如生活方式、价值观念和思维方式等，进而对高校思想政治理论课的教学环境产生影响。一般情况下，高校思想政治理论课的教学容易受到社会、学校、家庭等环境因素的影响，但在大数据时代，信息环境占据了人们生活的方方面面，数据、图片、文字、视频等各类形式在微场域中高速传播，使外在的社会环境由现实环境向虚拟环境转移，"虚拟使人类第一次真正拥有了两个世界：一个是现实世界，一个是虚拟世界；拥有了两个生存平台：一个是现实的自然平台，一个是虚拟的数字平台"[②]。大数据给人类社会带来了虚拟的新环境和新空间，也从外部给高校思想政治理论课的变革施加压力，现实与虚拟双重环境的叠加和交融使高校思想政治理论课面对的外在环境更加复杂。相较于现实环境的真实性和稳定性，信

---

① 刘新庚.现代思想政治教育方法论[M].北京:人民出版社,2006:84.
② 陈志良.虚拟:人类中介系统的革命[J].中国人民大学学报,2000(4):57.

息传播的瞬时性和高速率为虚拟环境添加了无数难以捉摸、无章可循的活跃因子，使虚拟环境充满了不确定性。

（二）大数据时代冲击了内在的教学环境

大数据时代改变了人们获取知识信息的方式，学生学习知识、分享心得、共享资源等活动不再完全依赖于课堂教学来实现。教学过程不再拘泥于固定的室内空间，传统上处于同一时空的教育者与受教育者之间的教学互动，已经延伸至大数据环境的两端。教育者与受教育者之间借助手机、电脑等移动客户端实现信息互通和知识传递，完成预设教学目标。大数据带来的教学环境由原本的相对封闭向自由开放转变的趋势，在一定程度上会对内在的教学环境造成冲击。内在的教学环境可以理解为狭义的教学环境，包括班级规模、座位模式、班级气氛和师生关系等对班级教学构成影响的各种因素。传统的高校思想政治理论课教学有固定的班级规模和座位模式，一般以45个人的小班教学或者90人的大班教学为合适规模，且必须在教室内进行课程学习。这种方式经过长期实践证明是科学有效的，基本上能够严格保证学生的学习时间。而大数据为学生营造的虚拟环境，则无法真实反映学生切实的学习情况，缺乏硬性的要求和管束可能导致学生在虚拟环境中难以自制，借助虚拟环境的隐蔽性和开放性去做一些与课堂学习无关的事情。大数据带来的虚拟教学环境与传统意义上的现实教学环境相比，可以带来更加活跃的课堂氛围和更加和谐的师生关系，但随着大数据时代的快速发展，课堂氛围如何活而不乱，师生关系如何亲密有间，可能还需要反观传统的教学环境，从中寻找合适的解决途径。

四、大数据时代对高校思想政治理论课教师的挑战

（一）大数据时代冲击了教师的教育观念

一定的时代孕育一定的观念，时代的进步引起观念的变革。在大数据时代，人类社会的各个方面必将发生巨大变革，引起人们诸多观念的变化，教育观念也是如此。传统的教育观念里，教师的全部重心投注于课堂的40多分钟里，依据课前备课内容在规定时间内完成既定任务，按照普遍意义上的教学内容重难点分配教学时间，尽最大的能力在40多分钟内向学生灌输重要知识点和必考常考点。大数据的发展不断提升知识更新的速度，拓宽知识关联的范围，知识的传授已经冲破时间、空间甚至固定教学主客体的界限，开放式和自由式的大数据思维冲击着相对闭塞和静止的传统教育观念，可能导致教师无法及时接纳迅速发展的新事物，无法适应颠覆传统的教育观念，尤其对于高校思想政治理论课的教学而言，在内容、结构和模式等相对比较固定并且约定俗成的现有条件下，教师的教育观念更为根深蒂固，面对大数据的冲击可能会产生抗拒心理。在新形势的倒逼下教师即使有了更新教育观念的想法，新旧观念的交替也需要一段较长时间的适应期和磨合期。这期间教师需要在提炼传统观念可取之处的基础上摒弃不符合时代发展规律的陈旧的教育观念，吸纳大数据时代带来的自主学习、主动求索、理性预测的全新理念，逐渐树立起大数据思维。可以说，从接纳、适应到认同、践行，大数据对传统教育理念的一次次冲击将使教师面临巨大的挑战。

（二）大数据时代动摇了教师的主导地位

大数据对教师的主导地位提出了挑战，主要体现在教师对主导地位的占有和控制逐渐削弱甚至丧失。从教师占有主导地位的角度而言，传统的高校思想政治理论课长期处于教师主动传授课程内容，学生被动学

习理论知识的单向互动状态，教师掌控着课堂内外的主动权。而在大数据时代，学生可以自行借助互联网、智能手机等载体去搜寻甚至深入学习自己关心和感兴趣的内容，在教师的集中讲授之外，学生可以在信息化的大潮中任意穿梭和驰骋，择其所学，选其所好。人人都是信息接收的主体，也可以是信息传递的源头，巨大数据量的碰撞会带来什么对每个人而言都是新挑战、新问题。信息发展日新月异，学生思维异常活跃，有很多问题和想法是教师闻所未闻的，无法依据过往的经验和做法给出准确答案。在网络空间的交流互动中，教师和学生也处于平等地位，学生可以依据自己的需要和兴趣随时给教师投下反对票或者按下暂停键，这与传统的课堂截然不同，教师的单向主导逐步向师生的双向互动过渡。

（三）大数据时代增加了教师的工作难度

传统的高校思想政治理论课教学中，教师只要具备良好的素质和教学基本技能，拥有扎实的专业知识基础和教书育人的强烈意愿基本就能够达到身为教师的基本要求，工作内容也主要围绕高校思想政治理论课的课堂教学和实践教学展开。而大数据的出现，使教育与数据化逐步融合并轨，客观上对高校教师的能力素质构成提出了更高的要求。首先，教师需要利用工作之余的休息时间去认识新事物，学习新技术。大数据技术作为一项实操性和逻辑性较强的技术，对于以理论学习见长的思政课教师而言本身就是巨大的挑战，不管是由专业人员给予系统培训还是教师主动探索学习，都需要耗费大量的时间和精力。其次，过去的师生交流以课上集体学习为主，课下个别辅导为辅，大数据时代下网络交流平台的使用更加频繁，几乎人人都有微信、QQ、微博、抖音。几乎每个班都会建立微信群或者QQ群，教师一般也会自然成为群管理员，承担着管理群组的基本任务。有些学生还会主动添加教师的微信号、QQ号，学生可以随时随地向教师寻求帮助或者提出问题，教师需要在第一时间为学生解惑，工作时间与私人时间无法完全分离，甚至很多教师被要求全天候在线，24小时开机。这无疑增加了教师的工作负担。最后，大数据浪潮会给每个人带来大量良莠不齐的信息，作为高校思想政治理论课教师，不仅需要提升自己的信息辨析能力，还要随时把握学生的思想动态，给学生提供适时的舆情引导，这也是一项长期性、持续性的系统工程。

第三节　大数据时代高校思想政治理论课　教学改革的趋势

大数据时代给高校思政课教学带来的机遇与挑战前所未有，这是思政课教学改革必要性的环境前提，也是教学改革的基础性条件。因此，高校思想政治理论课教学改革的趋势是以大数据和大数据时代为前提方向，既注重大数据和大数据时代的特征，又关注大数据改革的具体表现，还需把握教学的政治性、科学性和整体性。

一、高校思想政治理论课教学改革体现大数据时代背景

大数据时代是当前最突出的时代特征，是改革的决定性因素。信息化发展，推动信息技术与人类社会各领域不断融合，全球数据信息在互联网的助推下增长汇聚，深刻地影响并改变着经济、文化、社会、生活等领域。高校思想政治理论课教学也不可避免地被大数据时代影响和改变着，思想政治理论课的教学内容、教育主客体、教育载体、教育方法等皆被大数据时代的海量信息、高速度、大价值、多样化、可预测变革着。因此，必须把握大数据时代带给高校思想政治理论课教学的机遇，直面挑战，革新教育教学，不断向数据化、网络化延伸发展。

高校思想政治理论课教师应以积极的姿态迎接大数据时代，促进它与思想政治理论课教学的融合，努力探索，不断尝试，勇于改革；运用

大数据技术，将第一课堂与第二课堂，线下教学与线上教学，理论教学与实践教学，课堂教学与网络教学相结合；借助全面覆盖的互联网，在线上平台综合应用案例教学、互动式教学、任务教学、慕课教学、翻转课堂教学，丰富和完善高校思想政治理论课教学的日常教学环节和教学方法。通过大数据技术的运用，高校思想政治理论课教学将实现与大数据时代的接轨，并获得科技上的支持，从而进一步将教学引向现代化发展方向。

二、高校思想政治理论课教学改革突出时代特征

随着信息化技术的迅猛发展，高校思想政治理论课也要因势变革。信息化教学是未来教学的发展趋势。信息化进程已渗透到生活的方方面面，人们的衣食住行都离不开信息化的发展，教学也是如此。信息化教学经历了教学模式的历史演进，符合教学实践的前行脚步。信息化教学不在于信息量的多少，不在于课程知识的繁杂与否，也不在于教学手段是否多样化，而在于如何将信息化数据与教学链接起来，如何通过数据分析技术将有效的教育数据提炼出来，如何将有效的教育数据通过科学的手段展示出来。通过把握教学内容的时代性，利用大数据技术抓取跟进时代脚步的教学内容；通过把握教学方法的针对性，利用大数据分析技术，用符合学生全面发展的教学手段传授教学内容；通过把握教学评价的科学性，利用大数据储存功能，记录教育过程及教学评价过程，达到教学评价的科学性。大数据时代，紧紧围绕创新"教"与"学"，深化高校思想政治理论课教学改革；通过教育数据的融合共享，实现政、校、企教育大数据协同合作，将大数据技术融入教育过程当中，实现用数据意识创新教学思维，利用数据分析技术，优化个性化、多元化、多层面教学模式。实现课中课后评价相结合，线上教学管理与线下教学引导相结合。

三、高校思想政治理论课教学改革具体方向

大数据时代将推动高校思想政治理论课在教学改革中立足于大数据时代的特性，更加重视发挥网络和手机等工具在教学中的作用。

第一，为教学的精准化提供现实条件。大数据时代社会发展可预测性增强，社会生活也逐步数据化，因此可以借助大数据深挖思想政治理论课教学中教育主体的教学方法、教学思想及相关的教学思路，同时更精准地分析教育对象的精神和思想倾向、爱好等情况，以及时、准确、全面地助推数据驱动的精准教学和精准学习目标的实现①。

第二，教学更趋个性化。传统的思想政治理论课教学是有组织、有系统的整体化教学，大数据时代催生了可以超越时空限制的慕课，扭转教学主客体关系的翻转课堂，还诞生了大量自组织、碎片化的学习形式（如微课）；网络的普及和智能手机的应用，使传统课堂与新兴技术相融合，出现了智慧课堂、课堂派、雨课堂等多种手机课堂。这些新形式的出现不仅使大数据信息的获取更加便捷，也提升了高校思想政治理论课教学的实效性，促进了思想政治理论课教学的个性化发展。

第三，教学评价走向数据化。教学评价对教学的促进和激励性机制，在很大程度上依赖于教学评价是否公正、客观，但传统的思想政治理论课教学评价更具主观性色彩。因此，大数据将改变束缚在主观主义和经验主义框架中的评价方式，实现评价的多元化、科学化。

第四，教学管理逐步智能化。大数据时代，丰富的信息资源和高效、全面的信息获取能力使得教育工作者能更准确把握教学对象、教学过程以及教学评价和反馈等方面的情况。因此，可以通过科学监控和判断，改变被动反应的滞后现象，实现教学管理的智能化。

---

① 杨现民,骆娇娇,刘雅馨,等.数据驱动教学:大数据时代教学范式的新走向[J].电化教育研究,2017(12):13-20.

第三章　大数据时代高校思想政治理论课教学内容的改革与创新

　　近年来，随着互联网的不断普及和信息技术同生活的日益融合，分析平台、先进算法的开源以及机器学习方法的优化，大数据在高校思想政治教育领域发挥了越来越重要的作用。在当前大数据技术与教育产业融合不断提速的背景下，高校思想政治理论课应当顺应信息技术的发展趋势，直接或间接使用大数据和云计算技术获取师生需求分析、优化教学流程、提供智能化个性教学服务，实现大数据技术与教学内容的深度融合创新，大力提升高校思政课的精准度和实效性。

　　立德树人既是对中国优秀教育传统的继承，亦为新时代高水平大学建设指明了方向。大数据技术的合理化运用是高校思想政治理论课教学内容信息创新、网络融合发展的必由之路。借助于大数据技术实现高校思想政治理论课教学内容的双向互动，实现立德树人的教育目标，不仅需要尝试辅助教学的新方法，更需要对固有的教育思想和教学理论进行革新。

　　大数据赋能思想政治理论课是大势所趋，高校思想政治理论课教学必须坚持以内容为核心。大数据在提升思想政治理论课教学内容的针对性、可信性、新颖性、直观性等方面发挥了积极作用，提高了教学质量。教学实践中，应充分利用在线教学平台的大数据功能，发掘教学热点，善用专业数据库提升教学内容的理论深度、拓宽其广度，依托大信息技术创新教学内容，不断推动思想政治理论课教学内容的创新，增强学生对思想政治理论课的获得感，推动课程高质量发展。

第一节　大数据时代高校思想政治理论课教学内容创新的新理念、新方法

大数据技术正在改变人们的生活方式、认知模式和思维结构，成为新时代高校数据治理的重要支撑。这种转型对高校思想政治理论课产生了深远影响，为思政课教学内容创新带来了新的理念和方法。

一、高校思想政治理论课教学内容要紧跟大数据时代步伐

高校的思想政治理论课共包括五门课程，这五门课程从其教学内容来说，是十分丰富的。在授课过程中要坚持使教学内容紧跟大数据时代的步伐。

首先，教学内容要接近"地气"，与社会现实相联系。教学内容要做到紧跟大数据时代步伐，就是要深化教学内容和教学模式的"改"与"革"。其标准是让教学内容符合时代要求。充分利用大数据技术，从问题着手，与实际现状相联系，与我国改革开放的具体实践相联系，与实现中国梦的路径相适应。同时，更应该与我们所处的这个社会的实际需求相符合，做到不断讲述新知识，分析新现象，从实际问题出发，实现社会现实与思想政治教育教学内容的有机联系和结合。

其次，教学内容要抓住精髓，与具体现实贴近。高校思想政治理论课教学内容具有丰富性和系统性的特点。作为教师，要达到"教学内容能抓住精髓，与具体现实贴近"这一标准，就要运用信息技术，丰富理论知识，既做到对教材深研、真读，也要深入研究与之相关的各类原著。同时，要充分发挥自身在专业知识方面的特长，向学生进行深入而精准的讲解，真正做到既理解其理论内涵，又突出其政治意义，并生动

展示其系统严谨的逻辑，抓住理论的核心要点。

二、大数据为高校思想政治理论课教学内容创新带来了文本量化分析的新理念、新方法

文本量化分析简单地说就是在文本数据化之后，通过分析文本中词语和句子之间的意义关系和重要模式来发现和挖掘知识的方法和技术。文本量化分析主要体现在大数据方法所特有的文本统计和文本挖掘上。文本统计是对文本数据进行计数和统计分析，从而获取文本数据中的数量信息和分布信息，最常见的词频统计就是文本统计的一种应用。文本挖掘则是从文本数据中发现隐含的、潜在的、有用的信息和知识，通过机器学习、自然语言处理、数据挖掘等技术手段进行自动化分析和提取。文本挖掘能够发现文本数据中的规律、趋势、模式等，从而帮助人们更好地理解文本数据的含义和价值。文本挖掘通常包括文本分类、文本聚类、关联规则挖掘、情感分析、主题建模等技术，可以实现对文本数据的自动化分析和挖掘。现在备受关注的 ChatGPT 可以说是一种基于文本挖掘的文本生成和理解工具。文本量化分析方法可以对文本内容进行定量描述和预测。这种定量分析方法，不仅能够对教学资料进行科学的简化，形成新的叙事结构，把握住教学资料的核心内容，而且能够发现教学材料所反映的热点及其发展趋势。这为教学内容创新开辟了新思路。

三、大数据为高校思想政治理论课教学内容创新带来了全样本的新理念、新方法

大数据的全样本思维是一种新型的数据分析方法，它强调不再依赖样本数据，而是利用整个数据集进行分析和推断，以获取更准确、全面和具有代表性的结论。这种方法可以避免由于样本选择不当而导致的偏

差和误差，并且可以从大数据集中挖掘出更多的信息和关联性，得到更准确和全面的分析结果，从而更好地指导决策。同时，随着计算能力的提升，我们可以快速处理大规模的数据集，实现更高效的计算和分析，为决策提供更好的支持和指导。全样本思维方式所强调的是要从最少的数据获得最多的信息转向从"全数据"中获得更为及时、精准、多样的更有价值的内容。

四、大数据为高校思想政治理论课带来相关关系的新理念、新方法

相关关系思维是指通过发现数据中不同变量之间的关系，从而发现隐含在数据中的价值信息。在大数据的分析过程中，不同变量之间可能存在着复杂的关系，这些关系可能是线性的也可能是非线性的，其中包括因果关系、相关关系等。相关关系思维能够帮助我们理解这些变量之间的关系，并揭示这些关系背后的本质和规律，提高教师对学生思想趋势和行为的掌控能力。

大数据所带来的量化文本分析、全样本分析以及相关关系分析为思政课教学内容创新提供了新的视角，对传统的教学内容的质性分析、抽样分析和因果分析是有益的补充。因此，利用大数据创新思政课教学内容有着十分重要的作用。

第二节　大数据时代高校思想政治理论课
教学内容创新的作用

思政课教学必须坚持"内容为王"，好的教学内容是高质量思政课教学的基本前提。这里需要强调的是，思政课教学内容不等于思政课教材内容。思政课教学内容既要以教材为基本遵循，同时又要在符合教学

目标的前提下，根据学生的接受特点和接受能力以及客观实际的变化开展教学设计和内容优化。大数据可以增强教学内容的针对性、科学性、新颖性和直观性，从而为创造高质量的思政课内容提供广阔的空间。

一、增强教学内容的针对性，从而提升教学内容的契合度

大数据使得教学问题的选择更加合理。一个好的教学问题，可以引起学生的关注，激发学生探究问题的热情。思想政治理论课教学中，教学问题的选择、提炼显得尤为重要，它既要符合教学目标的要求，反映教材的基本立场、基本理论、基本问题、基本方法，又要反映学生中普遍存在的理论困惑、思想困惑，而学生的困惑就是思政课要讲清楚的重点。教学问题应当是理论主体、教材主体、教学主体和认知主体共同指向的问题。发现教学中这样的问题并不容易，这需要教师具备深厚的理论功底，对教材有深刻的把握，同时还需要充分了解学生的思想困惑，这样才能发现并概括出"真问题"。大数据为找到这种"真问题"提供了现实的途径。在线教学的广泛应用使得教学中所积累的数据越来越多。这些数据为思想政治理论课教学增添了一个数量巨大、类型多样、反馈及时、富含价值的"数据层"，它作为教学活动的数据映射，不仅包括学生回答问题的时间、内容、弹幕、评分等方面的记录，而且还有诸如登录情况、学习活动的时间、观看视频暂停点、排行榜、点赞以及表情等诸多细节记录。这些看似无用的数据集合起来，就成为教师研究教学内容的"钻石矿"。教师可以借助教学平台或专门的统计工具挖掘提炼出"真问题"。

大数据深化了对教学问题的启发性教育。思想政治理论课教学要坚持灌输性和启发性相统一，注重启发性教育，引导学生发现问题、分析问题、思考问题，在不断启发中让学生水到渠成得出结论。启发性教育离不开教师和学生充分的互动，但是这和思政课课堂学生比较多、教师分配给每一位学生的时间比较少之间产生了矛盾。智慧课堂和大数据在

思想政治理论课中的应用较好地解决了这个问题。通过智慧课堂，教学实现了层层追问的功能。学生如果对一个问题没有弄懂，可以用手机进行追问，教师根据学生的追问进一步提炼问题和回复问题；如果还有疑问，仍可以继续追问，教师再提炼问题和回答问题。如此反复，将问题逐层引向深入，直到能够探底并解决学生思想深处的问题。在智慧课堂和大数据的"加持"下，较大规模课堂的启发性教育找到了较好的技术解决方案。不仅如此，通过课前、课中、课后数据的及时处理与分析，也可以快速发现学生哪些方面掌握得比较好，哪些方面掌握得还有所欠缺，教师再针对学生掌握得较弱的部分进一步互动、阐释。如此反复，最终使得学生对教学内容有较好的掌握。这种教学设计，从根本上说就是基于数据而发现对教学有价值的信息和痕迹，教师循迹及时调整并优化教学内容。如此，就能做到教学问题和学生思想问题的解决始终是相契合的，从而在解决学生的理论困惑、思想困惑以及成长发展需求中有效传递教学内容。

二、提升教学内容的质量，从而增强教学内容的可信度

大数据赋予了教学内容更多"量化"特色。大数据应用于教学内容时，可以对教学内容从数量、规模、程度、速度、比较等方面进行量的描述，从而使得教学内容更为具体、饱满、丰富，更好地实现教学内容质和量的统一。不仅如此，大数据使得教学内容论证更为科学。例如，例证法是思政课教学中经常采用的方法。虽然用举例的方式很有感染力，但是这种方法存在主观随意性的缺陷。列宁曾经对滥用例证法做过尖锐批评："在社会现象领域，没有哪种方法比胡乱抽出一些个别事实和玩弄实例更普遍、更站不住脚的了。"[①]他甚至认为："如果不是从整体上、不是从联系中去掌握事实，如果事实是零碎的和随意挑出来的，

---

① 列宁全集：第28卷[M].北京：人民出版社，2017：364.

那么它们就只能是一种儿戏，或者连儿戏也不如。"①列宁所希望的例证"不仅是'顽强的东西'，而且是绝对确凿的证据"②。大数据不是抽样数据，更不是随意抽取的数据，而是映射客观实际的"全数据"，从这一巨大的数据集中可以挖掘出丰富多样的相关关系，进而呈现出事物内部的关联性，并且带有很强的趋势性和预测性。如不少高校通过大学生的日常餐饮消费大数据寻找经济困难的学生给予帮助，再如通过用电量的大数据了解疫情后复工复产情况，以及了解某一行业的热度，等等。这些内容有很强的可信度和说服力，真正体现了列宁所说的"顽强的东西""绝对确凿的证据"。有意识地将这样的例证补充到教学内容当中，就能提升教学内容论证的可信度和说服力，从根本上改善教学内容的质量。

三、提升教学内容的新颖性，从而加强教学内容的关注度

大数据为思想政治理论课教学内容创新提供了新的视角。这种新的视角体现在三个方面。一是切口新颖。大数据在相关关系的把握上有着独特的优势，这使得教学内容能够获得意想不到的洞见，达到令人耳目一新的效果。如通过"挖掘机指数"这一反映基建投资变动趋势和景气状况的指标，可以了解我国"一带一路"建设情况。二是大数据故事新颖。大数据的"全数据"特性，能够准确把握特定人或事物的时空运动轨迹，从而能够挖掘出很多"大数据故事"，丰富思想政治理论课教学内容。三是叙事框架新颖。通过文本分析，可以形成新的说理角度。如对于全文本的关键词提取技术，就是一项简单实用的技术。这种技术通过词频分析，找到文本中出现频次最高的若干有意义的词，根据这些词搭建起一种叙事间架结构，就可以构建起对文本的一种全新的解读方式。

---

① 列宁全集:第28卷[M].北京:人民出版社,2017:364.

② 列宁全集:第28卷[M].北京:人民出版社,2017:364.

四、增强教学内容的直观性，从而提升教学内容的可视度

可视化是大数据的重要呈现方式。大数据和计算机图形学相结合，创造出复杂的图形，包括静态的信息图、云图、地理位置图、叠加图，以及动态的变化走势图和交互式的虚拟现实等。大数据的可视化呈现使得大数据的表达更加具有直观性、动态性、综合性、交互性等特征，这些特征更好地反映出事物的整体性、趋势性和透视性。通过大数据的可视化，可以更好地理解事物的数量关系、发展趋势、比较优势、时空分布变化等内容。大数据的可视化对于提升思想政治理论课教学内容的质量有着非常积极的作用。一是大数据可视化在一定程度上降低了学生对思政课教学内容理解的难度。大数据将过去很多难以呈现，甚至只能在脑海中想象的内容形象化地呈现出来，做到不言而喻、一目了然。二是大数据可视化有助于增强学生的思维能力。大数据可视化的某些思路也会对人的思维方式产生影响，给人以启迪。比如，时空数据的叠加及延展促使学生更为整体地和历史地看问题；数据筛选之后所形成的透视图可推动学生主动去分析问题。经常使用大数据可视化的案例，能起到辅助学生思维发展的作用。三是大数据可视化增强了大学生对思想政治理论课教学内容的情感。好的思想政治理论课教学内容应该是既能调动大学生的感性认识，又能调动大学生的理性认识，从而做到"揭然有所存，恻然有所感"。理性认识需要有严密的逻辑，感性认识需要借助形象的图示。形象化的东西容易激发人的情感。数据的可视化呈现，特别是加以视频和音频的渲染，既激发了人的理性思考，又调动了人的感性认知，因而获得了理性和感性的双重支撑，从而更好地做到以理服人、以情感人和以数据取信于人。可视化数字的呈现更加感性直观，使得理性内容获得了感性形式。这种可视化呈现，不仅是呈现形式的变化，可视化本身就使得内容更加深刻，原因在于不同的数据层可以叠加在一起，从而打破物理时空限制，形成数据的整体性。

大数据既提供了必要性，又提供了可能性，应该认真探索利用大数据改善思想政治理论课的教学内容和教学方法之道，不断提升教学质量，增强思政课教学的亲和力、吸引力和针对性、时代性。

第三节　大数据时代高校思想政治理论课教学内容创新的具体路径

大数据时代高校思想政治理论课教学中融入更多的大数据内容及方法，是丰富高校思想政治理论课教学内容的重要途径。那么，如何利用大数据丰富高校思想政治理论课的教学内容呢？一般情况下，思政课教师并不需要精通复杂的技术，只需要充分地利用各种大数据平台，熟练地掌握相关平台或软件的功能，即可享大数据之利。

一、充分利用在线教学平台增强教学内容的针对性

无论是在线教学，还是线上线下混合式教学，都伴随着大量教学数据的生成。用好这些数据，特别是用好课堂上实时生成的数据，对于发现问题，及时改进教学内容，增强教学内容的实效性和针对性具有重要作用。在线教学平台记录着各种教学活动，提供了在线测试、在线问答、在线调研、在线投票等诸多功能。教学活动的数据以及这些功能模块所生成的数据都是宝贵的教学资源。例如，学生在上课过程中发的弹幕表达了学生对课程的感受、愿望以及疑问等，因此统计弹幕的数据就能进行情感分析、语义分析、问题分析，从而发现教学中学生真正感兴趣的问题。目前有些平台还提供了弹幕数据的云图功能，借助云图便可以直观地了解哪些方面的教学内容需要改进和提升。再如对练习和测试答案进行深入的数据分析，可以从错误率中发现学生学习知识的薄弱环节，进而有针对性地完善教学内容，还可以进一步进行数据挖掘，如将

多组测试数据放在一起进行分析，去发现一个知识点的掌握程度同另外一个知识点的掌握程度之间的相关性等。教师据此完善教学内容，从而强化了知识之间的系统性、整体性。另外，还有对学生作业、回答的问题等文本进行整体的数据分析，并以多种可视化形式呈现出来。这样可以快速发现学生对问题的掌握程度，并可能发现更多有意思的线索。根据这些分析优化授课内容，就使得教学内容显得具体而生动。

二、改变内容生产方式，推进教学内容双向互动

运用大数据技术改变内容生产方式，以开放发展理念有效推进教学内容双向互动。区块链是大数据时代新兴的技术应用模式，"通过去中心化信任通道、上链信息不可篡改和共识激励机制，区块链将改变当前内容的生产、传播、分配方式，给内容创造者、传播者、消费者带来全新的体验"[①]。对于高校教育行业而言，各类网络教学内容平台存在着开放性不足、信任体系不健全、互动性不充分以及信息内容更新不及时的问题，降低了平台的利用率和认可度。在高校思政课教学过程中，运用区块链的分布式总账技术，在教师和学生之间按照事先约定的规则共同采集教学信息，对教学信息进行验证、存储、维护和确认，可以实现教学信息与价值的自由转移，推进教学内容的双向传输，构建教师与学生之间的信任型教学互动体系。

区块链技术可以防范内容生产中出现的诸如抄袭和盗版以及"眼球经济"等不良现象，解决内容质量粗俗低下以及滥用数据等问题。具体而言，区块链的可信度技术，可以提高师生共同参与创作教学内容的积极性，不断产生价值高、可信任的优秀教案；区块链的不可篡改和不可复制特性，可以明确教案和教学资料的版权归属，维护师生共同的知识产权利益，同时防范教学过程中的抄袭、洗稿等不良行为；区块链的共识算法机制结合区块链技术的内容分发社区平台，可以打造"区块链+

---

① 张奕卉.区块链技术重塑互联网内容生态研究[J].信息通信技术与政策,2019(1):56.

内容分发"体系,应用于教育领域,实现高效便捷跨链互通的教学内容区块链生态系统①。

区块链技术可以实现内容生产的"去中心化",避免平台垄断话语权。目前高校思政课教学所采用的平台,诸如网络远程教学、超星和智慧树等,基本以教师应用为中心,在信息传递维度上也只是向学生单向传输,师生之间的平行互动和交流较少,产生了发行中介平台话语权过高的现象,对师生双向教学信息传输造成了阻碍。区块链的去中心化分布式机制革新了内容生产方式,可以降低中介平台的话语权,让内容创造者拥有较为自由的话语权,加强"微时代"高校思想政治教育话语权②。在高校思政课教学内容的展现过程中,这种机制可以激发多元话语权,真实地映射学生的思想状态和观点倾向,有助于师生间有效的观点传递和定向的互动交流。

众包是大数据时代一种由用户驱动的分布式问题解决和生产模式,强调自由、开放、平等和协作理念,是借助互联网、大数据和云平台等技术,推动协同研发、众包设计、供应链协同等领域的网络化创新模式,可以实现创新开放和网络社会化协作的目标,在教育领域有过成功应用的先例,如网易云课堂③。

众包在教育领域的应用,可以有效减少互联网平台上高校思政课教学内容单向传输和被动吸收的现象,激发学生协同参与教学活动,充分发挥学生个体的主动性、创造性。在高校思政课教学内容的双向互动目标导引下,可以通过搭建虚拟学习社区的平台逐步实现教学内容的众包。众包技术和虚拟学习社区在高校思政课教学中的联合引入,能够求同存异,发挥个体的潜能,还可以达到群策群力解决教学问题、追求共同价值目标的双赢效果。引入众包的虚拟学习社区,可以提供一个开放

① 张奕卉.区块链技术重塑互联网内容生态研究[J].信息通信技术与政策,2019(1):56.

② 蔡斌."微时代"高校思想政治教育课法治素养隐性教育的多维进路探析[J].重庆文理学院学报(社会科学版),2019(3):126-133.

③ 张子石,吴涛,金义富.虚拟学习社区的众包策略研究[J].现代教育技术,2015(3):122-126.

性、互动化的教学内容动态生成与交互的教学应用场景。首先，教师选择一个共同的教学主题，通过公开招标的方式在虚拟学习社区发布。其次，在学生、教师和资源之间展开主题定向型的广泛深入协作，共同解决教学难题，发挥群体智慧潜力，提出最佳的设计方案，创建并创新教学内容。

三、利用热搜挖掘教学内容中的热点

热搜、排行榜等均是大数据的产物，也是大数据的一种重要应用形式。其中微博热搜、百度热搜以及专门的新媒体大数据搜索等是获取思想政治理论"热点"教学内容的重要渠道，从中可以发现很多具有时效性的教学内容。微博热搜主题设置，如"综合""实时""热门""视频""图片"等，从不同角度反映了被搜索主题的情况，其高级搜索还可以按照"原创""关注人""认证用户""媒体""观点"等方面和"含图片""含视频""含音乐"等类型进行交叉搜索。百度热搜除了有热搜排行榜之外，还有"百度指数"这一产品，其功能包括"趋势研究""需求图谱""人群画像"等。其中"趋势研究"反映的是关键词搜索关注程度及其持续变化的情况；"需求图谱"是通过用户在搜索某个词语前后的搜索行为变化所得到的相关搜索需求信息，它用于优化搜索引擎的搜索结果，反映的是关键词与相关词的相关程度，以及相关词自身的搜索需求大小；"人群画像"包含"地域分布""人群属性""兴趣分布"等内容。在这些功能的基础上，百度指数还具有该关键词与其他关键词叠加对比功能，并以可视化形式呈现关键词之间的相关性。百度指数里还有很多基于搜索大数据的专题报告，有些专题报告对思政课教学内容有着重要的参考价值。如百度指数2023年有一个专题"谁在爱着新国货"，即从各省用户对新国货搜索的增长程度、年轻人对新国货的关注度、不同品牌手机用户对新国货偏好程度以及新国货的重点市场、重点行业等方面进行了数据分析。专门针对新媒体的大数据搜索平台清博大

数据则更有特色，这里不仅有微博、微信、头条、抖音、快手等平台的榜单，可从中发现高阅读量、高点赞数的"热文"或者短视频，还提供了热点事件脉络演进、传播指数、情绪地图、关键词比对、区域主题词等可视化功能。除此之外，每年的"十大热词""中国经济十大热词"以及建立在大数据基础上的各类排行榜都应该关注。这些排行榜都能为教学内容提供好的素材。

"热搜"等大数据为思想政治理论课教学内容提供了源头活水，把这类信息有选择地吸收进教学内容之中，有以下几点好处：一是增强了思想政治理论课教学内容的时效性。"热搜"等在教学中的应用能够动态获取热点事件的进展，使得教学内容始终与新闻或社会热点相结合，既体现了教学内容的与时俱进，又提升了大学生对思想政治理论课教学内容的关注度。二是增强了思想政治理论课教学案例的新颖性。从"热搜"中提炼的教学案例，是在数据搜索、大数据分析、相关性挖掘基础上发现的，这样的教学案例往往新颖别致，更能引发学生的兴趣。三是增强了思想政治理论课教学内容的预见性。借助热搜的趋势图以及深入的数据分析，还可以预测事件发展的方向，极大增强了教学内容的说服力。四是丰富了思想政治理论课教学内容的教学话语。通过热搜，可以发现很多有见解、有深度、有意思的评论，这些评论能拓展人的思维、激发人的灵感，使得教学话语更接地气。五是拓展了思想政治理论课教学内容的广度与深度。通过热搜，可以从不同角度了解一个话题，使教学内容更加丰富多彩。

四、通过专业数据库提升教学内容的理论深度、拓宽其广度

思想政治理论相关的数据库正在不断建设中，充分利用这些数据资源可以极大地丰富思政课教学内容。以高校图书馆普遍选用的中国共产党思想理论资源数据库为例。这个资源库完整系统地收录了马克思、恩格斯、列宁的著作以及党和国家领导人的著作，另外还有中国革命、建

设、改革时期的重要文献。因此，这个资源库具备了"全数据"的特征。不仅如此，这个资源库所载图书内容规范、权威性强，可以作为引用标准。这个数据库除了具备一般搜索聚合功能之外，还具有对思想政治理论大数据进行挖掘的特殊功能，如党和国家重要文献专题知识库、经典著作引文比对等。在党和国家重要文献专题知识库中，在初步搜索聚合的基础上，还可以根据其"意义作用""状态情况""时地数序""概念内容""本质要义""依从由来""预见展望""事例典故""经典名言"等关联规则进行搜索。根据这些关联规则得到的结果，加深了对基本概念、基本理论的理解，丰富了教学话语。以"马克思主义中国化"为例，通过在文献知识库中的搜索聚合，我们得到了全面的经典文献论述，从本质要义角度可以得到"一个中国的马克思主义者，如果不懂得从改造中国中去认识中国，又从认识中国中去改造中国，就不是一个好的中国的马克思主义者"；从概念内容角度可以得到"离开中国特点来谈马克思主义，只是抽象的空洞的马克思主义"；从经典名言中可以得到"能使马克思主义中国化的教员，才算好教员，要多给津贴"；从意义作用的角度可以得到"坚持解放思想、实事求是""及时回答时代之问、人民之问""廓清困扰和束缚实践发展的思想迷雾""探索共产党执政规律、社会主义建设规律、人类社会发展规律"；从评价判别的角度可以得到"引起中华文明深刻变革""把马克思主义真理的力量深深熔铸在民族的生命力、创造力、凝聚力之中"；等等。对这些聚合出来的观点的梳理，不仅丰富了教学语言，全面深化了教学内容，而且增加了理论自信。而经典著作引文比对功能起到了辨别真伪、去除瑕疵、判断是非、应用当否之类的作用，这个过程也是一个审问、慎思、明辨的过程。这使得思政课教学内容准确性大大增强。总之，应用这类大数据，更好地实现了教学内容的政治性和学理性的统一。

五、通过文本分析技术创建新的叙事结构

文本内容分析是对文献内容作客观、定量分析的方法。这种分析方法可以对文献内容进行描述和预测，主要有聚类、分类、情感分析、分词、词频统计、共现分析、社会网络、依存分析以及共现矩阵等具体方法。对于思想政治理论教学内容而言，应用最多的方法是词频统计。通过对教学资料的词频统计，不仅能够对教学资料进行科学的简化，把握住材料的核心内容，而且能够发现材料所反映内容的热点及其发展趋势。以对《中共中央关于制定国民经济和社会发展第十四个五年规划和二〇三五年远景目标的建议》全文大数据分析为例。经词频统计后，发现频次最高的词是"发展"（139次），接下来是"创新"（99次，含"技术"14次）、"体系"（82次，含"机制"22次）、"安全"（55次，含"风险"9次）。这些高频词可以以云图的形式呈现出来。由此我们构建了一种新的叙事：未来5年到15年，我们仍然以发展为中心，在这个过程中，将以创新为动力，进一步完善各方面的体制机制，以各方面体系建设为重要任务，同时要注意防范化解各种风险，把安全放在重要位置。其中，发展的含义有：高质量发展、融合发展、协调发展、新发展格局、均衡发展、绿色发展、集群发展、内生发展、协同发展等。创新的含义有：创新高地、创新联合体、创新链、创新中心、创新平台、创新活力、创新能力、创新驱动、创新战略、创新要素、创新主体、共性基础技术、生物技术、实用技术、新一代信息技术、关键核心技术等。体系的含义有：现代化经济体系、国家治理体系、国家行政体系、现代金融监管体系、社会保障体系、公共文化服务体系、市场体系、保障体系、管理体系、供给体系、支撑体系、国家创新体系、能源产供销储体系、现代化基础设施体系、农作物病虫害防治体系、评价体系、服务体系、文化市场体系、现代文化产业体系、现代物流体系、志愿服务体系等。安全的含义有：国

家安全、安全监管、生态安全、粮食安全、生命安全、金融安全、生物安全、数据安全、网络安全、新兴领域安全、安全感、安全生产、安全意识、传统安全、非传统安全、重特大安全事故、总体国家安全观、防范化解重大风险、风险评估、风险预警防范体系、金融风险、系统性风险。每一个词都是一个"小切口"，还可以对上述复合词形成更深一层的叙事结构。不仅如此，还可以据此进行预测，如国家越来越注重体系建设，"发展""创新"的侧重点发生了重大变化，"安全"成为发展所考量的重要因素等。概念是反映客观事物本质属性的思维形式。"概念这种东西已经不是事物的现象，不是事物的各个片面，不是它们的外部联系，而是抓着了事物的本质，事物的全体，事物的内部联系了。"①经过这样的创新性叙事，思想政治理论课教学内容不仅显得新颖，而且呈现出一种理性直观的特点。

除此之外，还有很多内容可以应用到思想政治理论课创新之中。例如，现在的新一代知识库、网络笔记本也增加了某些大数据分析功能，它能够建立起知识模块之间的某些关联，这有助于从话题中发现线索、促进联想、激发灵感，从而丰富教学内容。再如 AIGC（AI Generated Content，指利用人工智能技术来生成内容）技术，包括人工智能写诗、人工智能写作、人工智能绘画、人工智能配乐等，它们都是基于数据和算法的大数据应用形式，可以丰富教学内容的话语以及教学内容的呈现形式，增强思政课教学内容的新颖性。

总之，随着时代的发展，大数据融入思想政治理论课教学内容已是大势所趋。基于大数据的新应用、新平台不断出现，思想政治理论课教学内容创新有了更多的方法和手段。新时代的思想政治理论课教师要善于获取数据、分析数据、运用数据，不断增强应用大数据的基本功，如此，才能够使大数据在教学内容创新中更好地发挥作用。

---

① 毛泽东选集:第1卷[M].北京:人民出版社,1991:285.

第四章　大数据时代高校思想政治理论课教学方法的改革与创新

　　随着信息技术的迅速发展，计算机、平板电脑、手机等各种互联终端不仅能够接收大量的图片、视频、音频、文字等信息，还能通过互联网快速传送到微博、微信、QQ、论坛、贴吧等，不断满足商业、娱乐、文化、经济、教育等各个领域的需求。全球进入数据大爆炸的新时代，给高校思想政治理论课教学方法的改革与创新也带来了深刻的影响。

　　高校思想政治理论课教学方法创新应当因地制宜、顺势而为、与时俱进。大数据时代在为高校思想政治理论课教学方法创新提供数据思维理念、互动沟通平台、充足优质资源、智能管理服务的同时，也带来了诸多问题。为此，应转变观念，将大数据理念运用到高校思想政治理论课教学方法的创新中，利用大数据的精准特点提高教学方法的针对性，利用大数据的信息优势增强教学方法的亲和力，利用全覆盖的校园数据提升教学方法的时效性。

第一节　高校思想政治理论课教学方法的内涵及特点

一、教学方法的内涵

为了更好地理解教学方法的内涵，首先应对方法这一概念有清楚的认识。方法存在于人类的日常生活之中，人类从事一切社会生产实践活动都需要方法作指引，正确的方法可以帮助人们达到事半功倍的效果，错误的方法只会造成事倍功半甚至失败的后果。《现代汉语词典》中认为"方法"是"关于解决思想、说话、行动等问题的门路、程序等"[①]。陈万柏、张耀灿认为："方法是人们为了认识世界和改造世界，达到一定目的所采取的活动方式、程序和手段的总和。"[②]佘双好认为："'方法'是人们为了达到某种目的而采取的方式、手段和技巧、措施等，是借以达到目的的工具。"[③]

教学活动的开展需要借助教学方法，教学目标的实现同样离不开教学方法。国内学者们从不同层面、不同角度对教学方法进行研究，有助于人们更准确地理解教学方法。有的学者认为："教学方法就是为了达到教学目的，师生进行有序的相互联系的活动的种种方式所构成的系统。"[④]也有学者认为："教学方法主要是指在一定的教学观念的指导下，为了在教学过程中达到教学目的，完成教学任务而采取的一整套操作策略。"[⑤]还有研究者指出："教学方法是教学主体在教学过程中为实现一

---

① 中国社会科学院语言研究所词典编辑室.现代汉语词典[M].7版.北京:商务印书馆,2016:366.

② 陈万柏,张耀灿.思想政治教育学原理[M].北京:高等教育出版社,2015:219.

③ 佘双好.思想政治理论课程教学法探析[M].北京:中国人民大学出版社,2018:231.

④ 石云霞,佘双好,夏桂明."两课"教学法研究[M].2版.武汉:武汉大学出版社,2003:36.

⑤ 骆郁廷.高校思想政治理论课程论[M].武汉:武汉大学出版社,2006:202.

第四章　大数据时代高校思想政治理论课教学方法的改革与创新

定的教学目标，完成教学任务采用的教与学的技术、技巧、程序、策略或方法的总和。"[1]

结合上述学者们对教学方法的认知，本书认为教学方法是师生共同为实现教学目标，以特定的教学内容为导向，确保高效完成教学任务而运用的一系列技巧和策略。教学方法与教学活动实施过程中的各环节、要素间相互联系和影响。

二、高校思想政治理论课教学方法的内涵

高校思想政治理论课课程名称、课程内容、课程学时自改革开放以来虽多次调整，但关于高校思想政治理论课教学方法的研究仍在不断深入。自"05方案"实施以来，已有很多学者从不同角度对高校思想政治理论课教学方法的内涵进行了概括。如有学者提出："高校思想政治理论课程教学方法是在教学过程中，教师和学生为实现高校思想政治理论课程教学目的，完成高校思想政治理论课程教学任务，所采用的教和学的方式或手段的总称。"[2]还有学者把思想政治理论课教学方法理解为"思想政治理论课教师在教学过程中运用各种教学媒介和工具与学生围绕教学内容所进行的双向交流活动"[3]。

综合以上观点，本书认为高校思想政治理论课教学方法是指高校思想政治理论课教师在对学生进行思想政治理论课教学的环节中，采取各种方式完成高校思想政治理论课教学计划、实现教学目标的总称。

① 顾建民.高等教育学[M].2版.杭州:浙江大学出版社,2014:182.

② 骆郁廷.高校思想政治理论课程论[M].武汉:武汉大学出版社,2006:203.

③ 余双好.思想政治理论课程教学法探析[M].北京:中国人民大学出版社,2018:235.

三、高校思想政治理论课教学方法的特点

高校思想政治理论课是中国特色社会主义高等院校对大学生实施马克思主义理论传播和社会主义核心价值观教育的重要阵地和主渠道，高校思想政治理论课教学方法选取和使用得是否得当，事关高校思想政治理论课教学质量的高低。所以，只有对高校思想政治理论课教学方法的特点有明确的认识，才有助于提升教学实效性。根据高校思想政治理论课教学方法的定义可知，高校思想政治理论课教学方法具有五大特点。

（一）特殊性

高校思想政治理论课的课程性质决定了其教学方法具有特殊性。高校思想政治理论课教学方法的运用不仅是为了大学生学习和掌握科学理论知识，还要多关注学生心理和态度的变化趋势，使其形成正确的"三观"，做到知行统一。这也是高校思想政治理论课教学方法有别于其他课程教学方法的独特之处。

（二）多样性

高校思想政治理论课的课程体系包含众多内容，不同科目的教学内容也各有侧重，在教学的过程中仅仅依靠一种教学方法是难以实现教学目标、完成教学任务的，需要多种教学方法的综合运用。高校思想政治理论课教学工作在时代更替中不断前进，许多别具一格的教学方法应运而生，如案例教学法、实践教学法、混合教学法等。

（三）制约性

高校思想政治理论课的教学方法，随着教学活动的开展发挥作用，同时受到教学活动中其他要素的制约。首先，教学内容对其的制约。不同的教学内容所适用的教学方法不一样，根据不同的教学内容采用恰当

的教学方法至关重要。其次，教学环境也制约着高校思想政治理论课教学方法的选取。良好的教学环境可以为教学方法提供支持，以此提高教学质量。反之，则会导致教学方法的运用受阻。再次，高校思想政治理论课教学方法也受到大学生身心成长特点的制约。受不同地区、家庭、年龄等各个方面的影响，大学生存在个体差异，不能一概而论，要有针对性地选取高效的教学方法。最后，高校思想政治理论课教师自身素养对其的制约。高校思想政治理论课教师的理论素养和教学专长各有不同，在进行教学方法的选用时就会扬长避短，因此限制了教学方法的选择。

（四）继承性

新的教学方法并不是凭空产生的，它是在原有的教学方法的基础上不断完善而产生的。要辩证看待传统的高校思想政治理论课教学方法，坚持做到"取其精华，弃其糟粕"，继承传统教学方法的优势，摒弃照本宣科、枯燥单一的教学方法。

（五）创新性

恩格斯曾指出："世界不是既成事物的集合体，而是过程的集合体。"[1]任何事物都是发展变化的，高校思想政治理论课教学方法也不例外。它并不是一成不变的，而是随着科学技术和社会生产力的进步而不断发展和完善。大数据时代的到来，加快了高校思想政治理论课教学方法利用现代网络信息技术进行创新发展的步伐，使高校思想政治理论课教学方法更具针对性、实效性和时代性。

---

[1] 马克思恩格斯选集：第4卷[M].北京：人民出版社，2012：250.

第二节　大数据时代高校思想政治理论课
教学方法现状分析

一、大数据时代高校思想政治理论课教学方法创新面临的新契机

（一）创新数据思维理念

理念是行动的先导，有什么样的思维理念就有什么样的行为方式与之相适应。大数据时代，一切皆可量化。大数据能够有效地整合经济、政治、文化、社会、生态各个领域的信息资源，为各个领域进行数据分析、数据决策提供数据基础和数据来源。纵观高校思想政治理论课教学方法创新演进脉络，其教学方法经历了口口相传、粉笔加黑板教学、粉笔加黑板加多媒体教学几个阶段。这些教学方法在一定程度上适应了当时社会发展的要求，取得了良好的教学效果。但是随着时代的变迁、学情的变化、教学环境的改变，这些教学方法在某些方面已经不能适应大数据时代的发展。据一份关于传统课堂教学模式效果的调查，高达43.4%的学生在传统课堂教学模式中处于"三不"状态，即不听讲、不做笔记、不发言；边听边记笔记，并积极发言的学生仅仅有16.4%[①]。这份调查从侧面反映了目前高校思想政治理论课课堂教学中学生的到位率、参与率、抬头率不是太高，课堂教学效果不是太理想，迫切需要一种适合当前学情的教学方法，不仅可以让学生在课堂上认真学习，而且也更有利于激发学生的课外自主学习能力。大数据为高校思想政治理论

[①] 陈仁涛.高校思想政治理论课教学实效性问题及其影响因素透视——基于H市七所高校调查数据的实证分析[J].高等农业教育,2017(3):58.

课教学方法创新提供了可能，既可以打破时间限制，又可以打破地域束缚，还可以不受专门教师束缚。大数据可以让学生随时随地认真学习，还可以让学生享受最优质的教学资源，聆听最优秀教师的教学。大数据可以通过数据了解学情，为教师教学方法更具针对性、科学性、有效性提供数据支撑。

（二）提供互动交流平台

大数据为高校思想政治理论课教师和学生提供互动交流平台。第一，教学平台。一方面，高校思想政治理论课教师可以利用大数据将授课材料通过微博、微信等平台发送给学生。另一方面，学生通过这些平台认真学习教学资源。第二，答疑平台。首先，学生将自身的困惑通过此平台发送给高校思想政治理论课教师和其他学生。其次，教师和其他学生看到问题后，进行答疑解惑。最后，有疑惑的同学通过此平台获得答案。由此可知，在此平台中，互动的范围广，不仅可以实现师生互动，而且可以实现生生互动、人机互动；互动的时间长，随时都可以互动。

（三）提供充足优质资源

大数据为高校思想政治理论课提供充足优质的教学资源。第一，提供充足优质的教学素材。大数据的特点之一是数据量大。高校思想政治理论课教师可以利用大数据技术，从这浩瀚的数据中搜索与课程教学相关的优质教学资源，丰富教学素材。第二，提供可借鉴的教学资源。一方面，借鉴其他高校思想政治理论课教学资源。在大学所有课程中，高校思想政治理论课属于公共必修课。每所大学都需要开设，每个大学生都需要学习，人人都使用高等教育出版社出版的教材。在教学要求相同，教学内容知识点相同的情况下，高校思想政治理论课教师可以利用大数据技术，借鉴其他高校教学资源，实现资源共享。另一方面，借鉴国家级精品资源共享课资源。教育部办公厅高度重视高校思想政治理论课的资源共享建设，专门设立国家级精品资源共享课项目，这些国家级精品资源共享课在"爱课程"网免费向社会开放。

（四）提供智能管理服务

大数据为高校思想政治理论课教学管理提供了网络智能服务。第一，高校思想政治理论课教师可以根据学生浏览网站、发布信息、检索词条等上网踪迹，了解学生的思想动态，发掘隐藏在学生行为背后的深层次思想问题，还可以进行有针对性的答疑解惑。第二，高校思想政治理论课教师可以通过在线监控学生课前视听教学材料，如视频、音频、图片、课件等材料的情况，提交电子版作业的情况，在线与同学沟通交流的情况，课后完成考试的情况等教育大数据，对每个学生进行客观的数据分析。

二、大数据时代高校思想政治理论课教学方法改革中存在的新问题

大数据是高校思想政治理论课教学方法创新的助推器，在利用大数据进行方法创新的实践过程中难免会存在一些问题。

（一）高校对大数据的重视不足

大数据为高校进一步掌握学生的思想动态、行为习惯、价值取向提供极其重要的参考价值。同时，也有助于推动高校思想政治理论课教学改革的不断深化。但是，当前大部分高校忽视了大数据对创新高校思想政治理论课教学方法产生的渗透力和影响力，从而导致对大数据的重视不足，主要表现在以下两个方面。

一方面，校园网络建设滞后。校园网络的建设是确保高校思想政治理论课程教学方法借助大数据进行创新的基础和前提，校园网络的网速传输率、覆盖范围和相关硬件设备的建设程度对大数据的运用产生直接

影响。部分高校的校园网络建设滞后，网络的传输率较低，面对庞大的数据信息不能及时有效地处理。还有的高校存在网络覆盖范围小的问题，不能保证所有教学区的用网需求，大量的数据信息难以进行实时共享。这些都会对运用大数据创新高校思想政治理论课教学方法造成不良影响。另一方面，大数据平台缺失。现阶段部分高校对于大数据运用于教育领域的相关政策响应迟缓，仅仅停留在对政策文件的口头宣传上，没有在实践中进行探索，缺乏大数据平台的构建。大数据平台的缺失，导致数据孤岛现象严重。高校各部门的数据信息"各自为战"，加大了数据整合、利用和共享的难度，容易造成数据信息的混乱局面，更不利于借助大数据创新高校思想政治理论课教学方法工作的开展。

（二）缺乏完备的大数据体系

大数据体系主要由数据采集、数据存储、数据分析、数据安全与可视化、数据应用构成。完备的大数据体系有助于高校思想政治理论课教学方法的创新。数据采集系统承担着对大学生海量数据的采集工作。数据存储系统确保收集到的数据信息能得到集中统一的存放。数据分析系统则是对采集到的大量结构化数据和非结构化数据进行计算分析，找到数据间的相关性。数据安全与可视化系统是在保障数据信息不被破坏的前提下，进行可视化分析，让数据"发声"。数据应用系统能够对数据库中的所有数据进行操作和使用。大数据体系中的每一个子系统彼此之间联系紧密，相互协作、相互影响，缺一不可。大数据时代下，一些高校对大数据技术与教育融合发展的研究还处于探索阶段，由于缺乏完备的大数据体系作支撑，在设备引进、大数据人才培养、大数据分析与应用等方面存在明显不足，造成了高校思想政治理论课教学方法不能很好地借助大数据进行创新。

（三）大数据的综合运用欠佳

近年来，随着我国高校大学生人数的不断攀升，高校中所记录的大学生个人数据也在猛增。对这些数据进行及时处理，深入分析数据之间的关联性，有助于高校思想政治理论课教师更好地掌握大学生的思想行为动态，并对其可能出现的思想困惑、心理危机、行为失衡等进行有效预测，采用针对性较强的教学方法对大学生实施个性化教育，真正发挥大数据的积极作用。然而，大数据的综合运用情况在实际操作过程中并不理想，具体表现在三个方面。

一是数据处理不及时。大数据时代下，众多大学生产生的图书馆借阅数据、食堂消费数据、网上冲浪数据等如浪潮般不断涌现。繁多的数据种类和数量使数据处理工作的难度大大增加，海量的数据得不到及时处理而被搁置和堆积，由此增加了高校思想政治理论课教师运用大数据的工作难度。

二是数据分析不全面。高校思想政治理论课教师在分析学生数据的过程中，未能从以往的定性思维向关联性思维转变，无法从庞大的数据中挖掘出有价值的信息，对大学生思想行为变化规律的把握不够准确，进而影响了大数据时代高校思想政治理论课教学方法的创新。

三是数据预测不充分。预测是大数据的核心。高校思想政治理论课教师通过对学生数据的挖掘和分析，可以预测大学生的思想行为发展趋势，对其思想行为可能会出现的偏差进行提前干预，给予指导性建议，帮助大学生身心健康发展。但是，当前高校教师往往不能根据学生数据进行充分预测，仍然按照自己的主观经验进行判断，造成大数据的预测功能难以实现。

（四）大数据专业队伍建设滞后

由大数据的低价值密度特征不难看出，面对形如"金字塔"似的庞大数据信息，要想从中分析和挖掘出有价值的信息实属不易。高校思想政治理论课教师的大数据分析能力和精力有限，很难在承担教学的同时兼顾学习大数据技术的相关知识。而且，大数据技术也不是一朝一夕就能熟练掌握的。因此，必须依靠专业的大数据团队对数据进行筛选和处理。专业的大数据团队不仅具有高度的数据敏感性，而且能客观、准确地对数据进行鉴别和分析，为高校思想政治理论课教师利用大数据创新教学方法提供具有建设性的意见①。高校应加强与大数据分析师、大数据相关企业的沟通与合作，形成一支专业的大数据人才队伍，构建高校思想政治理论课的大数据共享平台，从而提升大数据时代高校思想政治理论课的教学针对性和实效性。但是，当前仍有一些高校在大数据专业队伍的建设上比较滞后，导致教学方法的创新受到了阻碍。

（五）教育工作者缺乏大数据素养

百年大计，教育为本。古往今来，教师作为人类灵魂的工程师，肩负着为国家培养一代又一代国之栋梁的重要使命。随着大数据时代的来临，部分高校思想政治理论课教师逐渐意识到大数据对创新教学方法具有重要作用。由于对大数据的研究还处于理论的初步探索阶段，高校思想政治理论课教师普遍缺乏大数据素养，因此阻碍了教学方法的创新。高校思想政治理论课教师缺乏大数据素养的原因主要有两个。

第一，传统思维方式的限制。因为长期受传统思维方式的影响，使高校思想政治理论课教师惯用定性思维的方式去看待事物和处理问题，忽视了大数据整体思维、关联思维在实际教学中的重要作用，造成了大数据素养的缺失。

第二，自身学科背景的制约。绝大部分的思想政治理论课教师都拥有人文社科的教育背景，但由于工科背景的缺失和技术能力的薄弱，教师难以利用大数据开展教学活动，因此忽视了大数据的运用价值，最终导致其大数据素养的缺失。

---

① 巴玉玺.大数据时代高校学生管理工作的创新思考[J].高校辅导员学刊,2018(4):60-63.

第三节　大数据时代高校思想政治理论课教学方法创新的策略

大数据时代促进了高校思想政治理论课教学方法的改革，但也存在一些问题，本书将主要从五个方面阐述大数据时代高校思想政治理论课教学方法创新的策略。

一、转变观念将大数据理念运用于思想政治理论课教学方法创新

（一）由样本关注转向整体关注，实现对学生的全面关注

在以往小数据时代，由于人力和技术条件的限制，无法采集到全体学生的信息数据。在此情况下，通常使用随机采样的办法，透过样本数据对学生整体状况进行推算和评估。然而，大数据时代的到来使得采集全体学生的信息数据成为可能。因此，高校思想政治理论课教师更要与时代同进步，及时转变观念，对学生信息数据的采集由样本关注转向整体关注。大数据时代的"样本"就等同于"总体"，维克托·迈尔-舍恩伯格也曾表示："采样的目的就是用最少的数据得到最多的信息。当我们可以获取海量数据的时候，它就没有什么意义了。"①当采集学生信息数据的样本作为研究对象时，往往容易造成研究结果的片面性和局限性，很多细节信息是样本数据无法呈现的，这对教师掌握学生的思想行为动态产生不利影响。在大数据时代，高校思想政治理论课教师能够方便快捷地采集到所有学生的信息数据，学生数据的数量之多、范围之广

---

① 维克托·迈尔-舍恩伯格，肯尼恩·库克耶.大数据时代：生活、工作与思维的大变革[M].盛杨燕，周涛，译.杭州：浙江人民出版社，2013：37.

有助于学生真实情况的反映，更有助于教师转变以往关注样本的理念，从学生整体的角度出发，全面细致地了解每位学生的动态情况，提高教学方法与学生学习需求之间的贴合度，进一步增强高校思想政治理论课的育人功效。

（二）由因果思考转向关联思考，实现对学生行为的综合评价

因果思考主要是假定两个事件存在一定的联系，由因推果或者由果推因，以此分析出事件背后的深层原因。在传统观念的影响下，人们习惯通过因果关系来分析事物，认为世界万物皆有因果，容易陷入对事物理解的误区之中。关联思考则侧重于借助关联物对两个事件的相关性进行研究，只需关注"是什么"而不再像以往追求"为什么"了。大数据时代的来临扭转了人们以往寻求因果的观念。高校思想政治理论课教师应及时转变观念，在分析学生相关事件的过程中，运用关联思考去挖掘学生多维数据之间的联系，帮助学生查漏补缺，实现学生自由全面的发展。比如，高校思想政治理论课教师可以依据学生在微博、微信等社交平台的浏览记录和评论内容，利用关联思考分析出学生们关注的热点，将学生们共同关注的热门话题和当前的教学内容相结合，选择恰当的教学方法开展教学活动。这样不仅可以调动学生们的学习热情，而且在师生互动中实现了思想政治理论课的教学目标。

（三）由经验推理转向分析预测，实现对学生思想的主动研判

高校思想政治理论课教师在以前获取学生信息数据相对困难的小数据时代，只能通过自己的主观判断和经验推理评估学生的知识接受程度和思想行为的变化，这种感性的经验推理所得出的结果并不准确、可靠。大数据时代的到来不仅使海量数据的获取更加便捷，而且也宣示着大数据的预测理念会为社会发展提供更为高效的服务。高校思想政治理论课教师要紧随时代变化，由经验推理转向分析预测，在对学生信息数据的分析中，把握好学生思想变化的内在原因，对学生可能遇到的思想

困惑、行为失衡等问题进行主动研判，并采取有针对性的教学方法给予指导。例如，在线上学习中，高校思想政治理论课教师可以根据学生播放次数较多的视频资料部分，进行重点分析，预测出学生可能存在的困惑。并针对这些困惑，及时改变和创新教学方法，用学生更易接受的教学方法实施教学活动，使每一位学生都能真正掌握理论知识的科学内涵，避免囫囵吞枣现象的发生。

二、构建平台为思想政治理论课教学方法创新提供支撑

（一）校企合作，搭建思想政治理论课的大数据基础平台

大数据时代，高校思想政治理论课教学方法的创新离不开大数据专业机构的鼎力相助。从目前所掌握的高校思想政治理论课利用大数据的现状来看，课程教师由于时间和精力的限制，无法在短时间内，既完成繁重的思想政治理论课的教学任务，又具备大数据素养。因此，高校必须从思想政治教育工作的全局出发，搭建大数据专业机构与高校的合作平台，引进大数据专业机构的人才和技术，协同思想政治理论课教师更好地开展教学方法的创新工作。当前我国大数据专业机构主要分布在百度、阿里巴巴、腾讯等这类顶尖的科技公司，高校可以联合这些大数据专业机构弥补自身在大数据分析、运用领域存在的不足，助力高校思想政治理论课教师创新教学方法，使其积极适应大数据时代的发展要求，为国家和社会培育新时代社会主义事业的建设者和接班人而努力。在搭建合作平台的过程中，高校可以借鉴一些成功经验，比如我国新华三集团和国内高校合作建立的大数据科研创新项目。新华三集团以扎实的前沿技术和丰富的行业实践经验，为我国众多高校建设大数据合作平台，提供从数据采集、存储、分析、运用和管理的全方位服务。新华三集团的大数据解决方案已经在清华大学、华东政法大学、吉林大学等高校广泛实施，有力推动了高校智慧校园建设和大数据人才培养工作的不断

进步。

（二）数据共享，设立思想政治理论课的大数据共享平台

大数据时代为人们提供了分析问题、认识事物的新视角，即通过海量数据洞察世界。然而，单一的数据很难形成规模效应，数据的真正价值也就无法得到最大程度的实现。所以，必须建立大数据共享平台对数据信息进行有效整合，使大数据更好地发挥作用。例如，我国已经成立的百度指数、腾讯指数、360指数等大数据共享平台。对于高校而言，同样需要设立高校思想政治理论课的大数据共享平台，这样才能利用繁多数据全面了解大学生在不同阶段的所思所想，才能在充分了解学生的前提下创新教学方法，提升教学实效。在建设高校思想政治理论课大数据共享平台时，应注意两个问题。

第一，校内信息数据的整合。我国高校通常是由校办、学工、教务、人事、财务、后勤等多个部门构成的有机统一体，各部门之间既相互独立又存在着密不可分的联系。所以，要依据相对统一的数据共享机制，整合各部门的信息数据，消除校内数据信息的"孤岛"现象，使高校思想政治理论课教师可以在大数据共享平台中获取所有在校学生的各方面数据，为教学方法的创新提供有价值的数据支撑。

第二，校外信息数据的挖掘。大数据时代的大学生活动范围较为广泛，高校对于大学生的校外信息数据也应给予重视。高校要加强同社会、政府和企业的沟通与合作，借助相关部门对大学生的校外信息数据进行挖掘分析，比如大学生使用网络所产生的数据、参加国家各类考试的数据等。这些数据对于高校思想政治理论课教师掌握大学生的价值观倾向和心理健康状况，依据学生实际需求创新教学方法都有很大的帮助。

（三）严格管理，构建思想政治理论课大数据规范利用的监控平台

大数据时代，大学生的一言一行都被迅速普及的移动终端所记录，

由此形成了大量的数据，其中就包括了高校思想政治理论课大数据。高校思想政治理论课大数据立体地反映出大学生的思想行为动态，在具备参考价值的同时，也面临着数据泄露的风险。因此，创建高校思想政治理论课大数据规范利用的监控平台是尤为必要的。监控平台要以数据管理和监督两方面为重点，为思想政治理论课教学方法的创新保驾护航。对于数据管理方面而言，大数据管理监督平台要时刻关注信息数据的所有动态，制定合理高效的数据管理机制，对数据的采集、存储、分析、使用的整个过程采取全时域、不间断的管理，确保信息数据的安全稳定。从数据监督方面来说，大数据管理监督平台要对信息数据的管理者和使用者定期进行安全测评，坚决抵制内部人士为牟取暴利而非法进行数据交易。一旦发现测评不合格，应立即取消其对数据使用的相关权限，避免因人为因素所造成的数据泄露现象的出现，保护好大学生的个人隐私数据。除此之外，该监控平台还应该具备信息数据过滤、应急事件处理、风险预测等功能，能够对庞大的信息数据进行过滤并筛选出真实有价值的数据，面对突发的数据泄露事件能够及时应对和妥善处理，对于可能入侵的外来木马病毒做到提前预防。只有这样，才能为高校思想政治理论课教师实时获取大学生的信息数据，在全方位了解大学生思想情况的基础上创新教学方法提供借鉴。

三、利用大数据的精准特点提高思想政治理论课教学方法的针对性

（一）运用大数据的真实性使讲授方法因事而化

大学生在智力、情感、心理等方面存在差异性，发展需求也因人而异，不能再使用相同的讲授方法对全体学生进行思想政治教育，这样做不仅阻碍了高校思想政治理论课育人功效的发挥，而且对大学生的身心成长和个性化发展不利。运用大数据的真实性使讲授方法因事而化是明

智之举。高校思想政治理论课教师可以在物联网环境下，对学生学习、生活、社交等各个方面产生的真实数据进行深入挖掘和分析，掌握不同性格、地区、专业的学生动态，采用不同的讲授方法予以教育，使讲授方法做到因事而化，进一步增强其针对性。例如，高校思想政治理论课教师在利用大数据了解不同学生的政治倾向后，对于政治思想觉悟较高的学生，教师需要用肯定和鼓励的方法使其对真理进行深层次学习；对于政治敏感度不强的学生，教师可以用潜移默化的方式去感染和教导学生；对于因受错误思潮影响出现思想偏差的学生，教师可以用事实举例的方法使其明辨是非。

（二）运用大数据的即时性使教学内容因时而进

大数据的即时性是指大数据能够以最快的速度对数以万计的数据进行处理。在大数据时代，人们运用大数据的即时性对纷繁的数据进行分析处理，实现了对研究对象的精准定位。比如，网购平台淘宝网借助大数据，在对消费者的浏览数据、近期购买数据进行即时分析处理后，向消费者精准推送一些商品，借此提高营业额。由此不难发现，大数据的即时性具有很高的利用价值。高校思想政治理论课的教学内容同样能够运用大数据的即时性实现因时而进。教师可以通过大数据对学生在线上学习平台、常用网站、聊天软件上的数据进行即时分析，在掌握学生对当下热门话题、事件的态度和看法后，结合相应的理论对学生关注的问题在第一时间内做出回应，从而实现教学内容的因时而进。这样做不仅有利于教学内容在学生的人际交往、就业指导、身心健康等方面提供正确的理论引导，传播正能量，而且有助于提升高校思想政治理论课教学的魅力。

四、利用大数据的信息优势增强思想政治理论课教学方法的亲和力

（一）运用大数据的关联性使课堂重点因势而新

高校思想政治理论课不仅是为我国社会政治、经济发展服务，更重要的是为学生主体的发展保驾护航。课堂教学是教师对学生进行思想政治教育的主要方式，学生的自由全面发展离不开每一堂课的点滴积累。以往思想政治理论课教师在开展课堂教学的活动中，通常只依据教材内容制定教学重点进行教学。大数据时代的大学生思维敏捷，接受新事物、新知识的能力较强，课堂重点要根据学生当前对理论知识的掌握程度，依据学生的困惑和新形势的变化进行及时调整和更新。运用大数据的关联性能够实现课堂重点的因势而新，使思想政治理论课教学由僵硬固化向灵活生动转变。比如，教师可以运用大数据的关联性充分了解目前学生的真实需求，在教学过程中根据不同时期学生的不同需求调整和更新课堂重点，为每一位大学生上好每一堂思想政治理论课，不断提高大学生的学习获得感和幸福感。

（二）应用大数据实现师生间的同频交流

马克思认为："我们的出发点是从事实际活动的人，而且从他们的现实生活过程中还可以描绘出这一生活过程在意识形态上的反射和反响的发展。"[1]这一观点启发高校思想政治理论课教师要从每一位学生的实际出发，才能深入了解学生的所思所想，更好地开展教学活动。在过去的小数据时代，高校思想政治理论课教师和学生的沟通往往受到时间和空间的限制，导致师生间交流互动的形式过于单一，彼此间的了解程度较低，师生间的共同话题较少。其实，师生间良好的交流、互动是当前

---

① 马克思恩格斯选集：第1卷[M].蔡汀，译.北京：人民出版社，2012：152.

大多数学生所期待和向往的，对教学方法的创新具有促进作用。大数据时代的来临极大改善了师生间交流的方式，思想政治理论课教师可以打破时间和空间的局限，随时随地与学生同频交流。同时，还可以应用大数据对学生的各个方面的数据进行多角度分析，将学生共同感兴趣的话题作为创新教学方法的切入点，不断增强教学方法的亲和力和感召力，使大学生对思想政治理论课由"敬而远之"向真心喜爱、主动靠近转变。

（三）应用大数据实现师生间的同语交流

苏霍姆林斯基曾说过："语言是一种最精细、最锐利的工具，我们的教师应当善于利用它去启迪学生们的心扉。"[①]语言是搭建师生沟通的重要桥梁，语言的选取和使用是否得当对师生关系、教学效果都有重要的影响。过去一段时间里，高校思想政治理论课教师大多采用平淡的语言以平铺直叙的方式实施教学活动，学生对其接受、认可程度较低，使得教学效果难以正常展现。然而，大数据时代的来临为解决这一难题带来福祉。高校思想政治理论课教师能够应用大数据实现师生间的同语交流，改善师生间的关系。大数据时代下，大学生在日常的生活、学习中时时刻刻都会产生种类繁多的结构化数据和非结构化数据。教师可以通过挖掘和分析这些包罗万象的海量数据对学生进行精准"画像"，根据不同学生的性格特征选取其易于接受的语言开展教育，使学生做到真听、真信、真做。但是，教师将晦涩难懂的理论用学生听得懂的语言进行讲解时应注意，不能为了迎合学生而将语言变得低俗化、娱乐化。比如在应用大数据了解当前学生们使用频率较高的词语，如"硬核""好嗨哟""柠檬精"等网络热词时，要确保将这些学生熟知的词语正确、恰当地运用到教学中，这样才能实现师生间的同语交流，增强教学方法的亲和力和吸引力。

① 苏霍姆林斯基.怎样培养真正的人[M].蔡汀,译.北京:教育科学出版社,1992:4.

（四）应用大数据实现师生间的同思交流

同思交流是指教师能够在把握学生思想脉搏的前提下，进行良好的沟通。处于"拔节育穗"期的大学生的思想在内部身心发展过程中和外部各种因素的冲击下变幻莫测，要想准确把握学生的思想脉搏需要从学生的生活实际入手，将严肃深刻的理论与学生亲身经历的生活事例有机结合，拉近学生与真理的距离，从而引发学生共鸣。高校思想政治理论课教师在大数据时代更容易了解和掌握学生的生活实际情况，实现师生间的同思交流。例如，教师在大数据的帮助下对学生生活中的所有数据进行收集、分析，在了解学生思想状况后，运用相关理论知识和生活中的具体案例相结合的方法与学生进行沟通，让学生感受到思想政治理论课不是高高在上的，而是贴近生活、接"地气"的，帮助学生在同思沟通中化解思想困惑，感受到真理的无穷魅力，补好精神之钙，扣好人生的第一粒扣子。

五、利用全覆盖的校园数据提高思想政治理论课教学方法的时效性

（一）凭借大数据即时疏导学生的思想困惑

思想是行动的先导，思想为行动指明方向。远大的理想和坚定的信念是推动社会进步的强大动力，也是广大青年学生知难而进、走向成功的精神支柱。当前国内外意识形态领域斗争激烈，不同利益群体所代表的不同思想文化相互碰撞、相互交锋，对我国高校大学生的思想观念带来巨大冲击，高校思想政治理论课教学方法也因此面临复杂严峻的挑战。大学生思想困惑的产生不仅仅来自意识形态领域的冲击，还受到其他因素的影响。郑永廷认为："获取思想政治教育信息的时机，主要在

阶段转折、事件交替、激烈竞争、矛盾冲突和偶然事件发生的时候。"[1]人们的思想是相对稳定的，但在面临人生的转折期或遭遇重大事件时，人的思想往往会产生波动和改变。对于身心还不成熟的大学生而言，其思想更易受到外部事件的干扰。在此背景下，高校思想政治理论课教师需要凭借大数据做好学生思想困惑的即时疏导工作。例如，教师可以利用大数据技术分析学生在微博、微信、QQ等社交平台上发表的种种言论，时刻关注学生的思想变化，一旦发现学生有过激言论、悲观厌世等行为时，及时采用具有时效性的教学方法对其进行疏导，力求解决好每一位大学生的思想困惑。同时，还要积极引导学生树立正确的理想信念，自觉抵御不良思想的侵蚀，为国家和民族培育德才兼备的优秀青年贡献力量。

（二）凭借大数据积极引导学生的价值选择

价值观是人们看待事物、分辨是非的一种思维方式。由于人们生活经验和教育经历的不同，价值观往往具有主体差异性，其类型也是多种多样。价值选择是人们在社会实践活动中，依据对事物的本质及规律的认识做出的选择。当前我国部分大学生的价值取向存在一定的偏差，与我国固有的集体主义精神相背离。一些大学生认为中华民族的伟大复兴与个人没有太大联系，形成了事不关己、高高挂起的错误观念，凡事都以个人利益为出发点。还有一些大学生受西方社会思潮的影响，将享乐主义、极端主义等错误的价值观作为自己的价值选择，片面地认为人生苦短应及时行乐，在学习、生活和工作中往往不思进取。为了改变上述错误价值观的蔓延，高校思想政治理论课教师需要凭借大数据积极引导学生的价值选择。大数据技术可以对所有在校大学生的个人数据进行采集、分析和预测。教师可以利用大数据挖掘学生的消费记录、日常活动轨迹、网络平台发布的言论等数据间的联系，分析学生的价值观念是否存在问题，针对价值观念有偏差的学生进行精准定位，选择个性化的教

---

[1] 郑永廷.思想政治教育方法论[M].2版.北京:高等教育出版社,2010:66.

学方法对其实施积极引导和价值观教育。

（三）凭借大数据及时纠正学生的行为失衡

现代信息技术的迅猛发展为大学生带来便利的同时，也对大学生的身心健康发展带来了一定的负面影响。部分大学生由于自控能力较差，过度沉溺于虚拟的网络游戏世界中难以自拔，无节制地将自己的精力和金钱投入其中，最终成为"网瘾青年"和"问题青年"。例如，2015年震惊全国的"北大学子弑母案"，警方在案发后的调查中发现，案件嫌疑人在案发前通过网络购买了刀具、防水布等作案工具。假如当时教师能够借助大数据发现嫌疑人的异常举动，及时采用具有针对性的教学方法对其进行思想政治教育，或许就能避免这场悲剧的发生。所以，为了避免更多的大学生误入歧途，高校思想政治理论课教师要凭借全方位的校园数据分析学生的异常行为，对于存在问题的学生给予更多的人文关怀，并针对其个性特点及时选用教学方法予以纠正。

（四）凭借大数据提前干预学生的心理危机

随着社会节奏的不断加快，人们在外部环境的施压下更易造成严重的心理问题。特别是身心尚未成熟的高校大学生，社会、家庭、学校等各方面的压力会使其更易形成心理危机。在小数据时代，由于高校思想政治理论课教师获取学生思想行为数据较为困难，只能通过随机调查和主观推测的方法对学生可能存在的心理问题进行集中统一的教育，往往缺乏针对性和时效性。然而，大数据时代的到来为高校思想政治理论课教师全面掌握学生的动态数据提供了技术支撑。大数据的全面性优势有助于思想政治理论课教学方法的创新，教师借助全方位的校园数据对学生可能存在的心理危机进行提前干预是十分正确的。教师可以凭借大数据技术对学生的学习数据、消费数据、行为轨迹等数据进行相关分析，运用心理健康教育的方法对学生潜在的心理危机进行提前干预，有效防止由心理危机引起的不良后果。

随着大数据时代的到来，人们的思维理念、学习方式、生活习惯和心理活动等方面都产生了新的变化。在大数据时代中不断成长的大学生在意识形态、价值观念、行为方式等方面也具有了新的特征，传统的思想政治理论课教学方法已经难以满足大数据时代下大学生全面发展的需求。因此，教学方法改革与创新研究是十分必要的。利用大数据的独特优势创新高校思想政治理论课教学方法不仅有利于推动高校大学生思想政治教育工作迈上新台阶，而且对巩固马克思主义在意识形态领域的指导地位起着至关重要的作用。

第五章　大数据时代高校思想政治理论课教学模式的改革与创新

随着移动互联网、云计算、可信计算等一系列新型信息技术的迅速发展，一个大规模生产、储存、分享、应用数据的大数据时代逐渐开启。大数据时代的到来无疑将对我国高校未来教学模式和教育方式产生巨大影响。而随着多媒体教学和网络课程的实际运用，高校思想政治理论课将可能成为其中受到影响最大的课程之一。在大数据的冲击下，高校思想政治教育教学模式将面临巨大的变革压力。清晰地认识大数据时代高校思想政治理论课教学模式中存在的问题，并基于这些问题主动变革教学模式，创新教学方法，是摆在每一位教师面前的一道重要课题。

第一节　高校思想政治理论课教学模式的内涵

一、教学模式的内涵及特点

（一）教学模式的内涵

"模式"一词来源于拉丁文"modulus"，本来的意思是指定型化的操作样式，也即"尺度""标准"，在英语里面是"model"或者

"mode"，意为"模型""范式""样式""范例""典型"等。在《现代汉语词典》中，"模式"的含义是："某种事物的标准形式或使人可以照着做的标准样式。"①我国有学者认为，"所谓模式是依据一定的理论基础表征活动和过程的一种模型或形式。一种模式蕴涵着一定的理论倾向，代表某种活动结构或过程的范型，一般通过数学、图文或文字的形式，以一种简洁的形式再现活动的结构和操作程序"②。李时彦从哲学的意义上认为，模型是"人们为了某种特定的目的而对认识对象所作的一种简化的描述"③。美国学者库恩从自然科学的角度指出，模式与范式是同义词，是普遍公认的科学成就，这种成就能够在短期内为实践者提供模型问题和解答④。《欧洲传播学杂志》创始人之一的英国传播学家丹尼斯·麦奎尔从社会学的角度认为，模式是用图像形式对某一客观现象进行有意简化的描述。每个模式试图表明的是任何结构或过程的主要组成部分，以及这些部分之间的相互关系⑤。美国著名的比较政治学家比尔和哈德格雷夫从一般意义上指出，模式是一种再现现实的理论性的简化的形式⑥。随着社会的发展，作为现代科学技术中的一个术语，"模式"一词已扩展到了更宽泛的层面，如政治模式、经济模式、文化模式、管理模式等。

根据对"模式"定义的梳理，我们可以看到，模式是在对研究对象进行理论概括的基础上，形成的一种真实地反映研究对象，并最终在社会实践中推广运用的可模仿、可再生的标准，从而针对性地解决问题。正因为模式具有的这种联系理论与实践的特点，因此，我们必须建立并不断创新模式。正如毛泽东同志所说："我们的任务是过河，但是没有

---

① 中国社会科学院语言研究所词典编辑室.现代汉语词典[M].7版.北京:商务印书馆,2016:919.

② 钟志贤.大学教学模式革新:教学设计视域[M].北京:教育科学出版社,2008:89-90.

③ 李时彦.模型与模型化方法[J].哲学研究,1984(9):45.

④ 托马斯·库恩.科学革命的结构[M].金吾伦,胡新和,译.北京:北京大学出版社,2003:6.

⑤ 丹尼斯·麦奎尔,斯文·温德尔.大众传播模式论[M].祝建华,译.上海:上海译文出版社,2008:2.

⑥ 冯克诚,西尔枭.实用课堂教学模式与方法改革全书[M].北京:中央编译出版社,1994:3.

桥或没有船就不能过。不解决桥或船的问题，过河就是一句空话。不解决方法问题，任务也只是瞎说一顿。"①因此，我们在高校思政课教学中，为了完成教学目标和任务，也必须建立和不断完善教学模式。

其实，教学模式的思想在我国可以一直追溯到孔子等大学问家，在西方同样可以上溯到夸美纽斯、赫尔巴特、杜威等人。我国古代伟大的教育家孔子在其长期教学实践中，把学、思、习、行视为教学活动的四大要领，这基本上是我国最早的教学模式思想。《中庸》里将教学活动归结为"博学之、审问之、慎思之、明辨之、笃行之"五个步骤。朱熹更是将这五个步骤作为他主持的白鹿洞书院教学规程的一部分。我国古代的教学模式从某种程度上来说，主要是开展德行修身教育。现代教学论的诞生，特别是夸美纽斯《大教学论》的出版标志着教学模式的出现。但真正把教学模式化的是赫尔巴特，他在《普通教育学》一书中建立了教学形式"四阶段论"，后来，赫尔巴特学派创建了"五段教授法"。

1972年，乔伊斯和韦尔将"模式"一词第一次引入教学领域，认为"教学模式是一种可以用来设置课程（诸学科的长期教程）、设计教学材料、指导课堂或其他场合的教学的计划或类型"②。这标志着教学模式研究已经发展成为一种系统的教学理论，并开始真正走入人们的视野，为人们所重视。从此以后，对教学模式进行研究的学者也越来越多。但人们对教学模式的概念的界定并没有达成一致。综观国内外学者对教学模式的界定，目前大致有以下几种观点。

第一，方法论。将教学模式等同于教学方法，或者把教学模式归属为教学方法的范畴。如美国学者保罗认为，"所谓教学模式，就是为完成特定的教学目标而设计的、具有规定性的教学策略"③。高笑天在

---

① 毛泽东选集:第1卷[M].北京:人民出版社,1991:139.

② 丁证霖,赵中建,乔晓东,等.当代西方教学模式[M].太原:山西教育出版社,1991:1.

③ 保罗·D.埃金,唐纳德·P.考切克,罗伯特·J.哈德.课堂教学策略[M].王维诚,等译.北京:教育科学出版社,1990:11.

《教学方法与教学模式》一文中认为，"教学模式是教学形式或方法的稳定化、系统化和理论化……教学模式俗称教学的大方法"①。

第二，过程论。将教学模式等同于教学过程，或者说将教学模式归属于教学程序的范畴。如《教育大辞典》指出，教学模式是在一定思想或教学理论指导下建立起来的，较为稳定的教学活动结构框架和活动程序。吴立岗认为，教学模式是"依据教学思想和教学规律而形成的在教学过程中必须遵循的比较稳固的教学程序及其方法的策略体系，包括教学过程中诸要素的组合方式、教学程序及其相应的策略"②。

第三，结构说。认为教学模式属于结构论的范畴。如赖志奎认为："教学模式是指在一定的教学思想或理论指导下，设计和组织教学而在实践中建立起来的各种类型教学活动的基本结构，它以简化的形式稳定地表现出来。"③吴也显认为："某种活动方案经过多次检验和提炼，形成了相对稳定的、系统化和理论化了的教学结构，这就是我们所说的教学模式。"④

尽管学者们对教学模式的定义存在着差异，而且侧重点各不相同，但是他们都普遍认为教学模式是正确反映教学的客观规律，在一定的理论指导下，有效对教学进行指导实践而形成的一种稳定的范式。

综合以上观点，教学模式是遵循某种教学思想和教学理论，根据教学规律和学生学习认知特点，为完成特定的教学目标和教学任务，依靠一定的教学方法和教学平台，按照教学活动的程序在教学实践中形成的比较稳定的、系统的教学行为范式。但是它不是一成不变的，应随着教学情况的变化而不断地进行创新、完善。

① 高笑天.教学方法与教学模式[J].教育探索,1996(1):42.
② 吴立岗.教学的原理、模式和活动[M].南宁:广西教育出版社,1998:179.
③ 赖志奎.现代教学论[M].杭州:杭州大学出版社,1998:108.
④ 吴也显.课堂教学模式浅谈[J].教育研究与实验,1988(1):12.

（二）教学模式的特点

随着教学实践的不断推进，各种各样的教学模式逐渐形成。从教学模式的构成因素上来说，教学模式一旦形成就会有一些共同的特点。

1.指向性

任何一种教学模式都是教师围绕着一定的教学目标设计的，都有自己明确的教学任务，而且有自己独特的实施条件和范围，反映了教学活动的具体规律，因此不存在普适性的教学模式，更不能以好坏来评价任何一种教学模式。只要在教学活动中选择和运用得当，能有效地解决问题，这种教学模式就是恰当的。

2.整体性

作为教学理念和教学实践的统一，任何一种教学模式都是以一定的教学目标为主线，包括了一整套完整的教学结构、运行条件和操作程序，在这些因素的共同作用下，它们通过某种固定的方式形成了一个有机的整体。在教学活动中，教师必须按照这个完整的教学程序进行，否则就会影响教学效果。

3.操作性

作为一种具体化、操作化的教学思想或教学理论，教学模式产生于教学实践，是对抽象理论的具体化，也是对教学实践活动的概括化，但又可以指导教学实践。它规定了教师的教学行为和教学程序，一目了然，很容易操作，也很容易被模仿、掌握。

4.简约性

教学模式是根据一定的教学理论，对复杂教学现象和教学框架以简洁明了的语言、具有某种象征意义的符号或图像进行概括性的解释。它能够很好地表达教学程序和教学结构之间的逻辑关系，而且容易传播和交流。

5.稳定性

教学模式最大的特点是稳定，它是依据一定的理论或思想，在长期的教学实践中形成的，是对大量教学实践活动的抽象化，揭示了教学活动的普遍性规律，对教学有着普遍的参考作用。因此，教学模式一旦形成，就会对教学实践起到长远的指导性作用。但是，这种稳定性只是相对的，不是绝对的，它总是受到社会政治、经济、文化、科技、历史等因素的制约。

6.灵活性

正如上面所说的，教学模式受制于社会因素的影响，因此，它不是一成不变的。虽然教学模式一经形成，就具有了基本稳定的教学结构和教学程序，但在具体实施过程中，它还是会随着教育思想、教育理念、教育政策的发展而不断发展。同时，它会因为教学外部环境和条件的改变、学科特点的不同、教学内容的变化等因素的影响，在教学实践中不断修正和完善。因此，教师在具体的教学实践中应该根据情况的变化，适时调整实施方案，灵活运用，确保教学效果达到最优。

二、教学模式的功能

（一）实践方面的功能

第一，教学模式具有桥梁中介作用。在教学活动中，教师不能只凭经验和感觉教学，还需要将教学理论应用于教学实践，这就需要一个桥梁，来沟通理论与实践。而教学模式来源于教学实践，它体现了设计、实施、调控、评价教学活动的一整套教学方法体系，能有效地将教学活动的各环节结合在一起，并能很好地让人们在教学理论与教学实践之间找到中介环节，使人们重新审视教学活动中的各要素，在教学实践中不断创新，突破原有的教学理论框架，从而不断探索发展新的教学理论。

第二，教学模式具有示范引导功能。教学模式一旦形成就具有了稳定性，是可以模仿和操作的。在规范的教学模式的示范引导下，教师能够比较迅速地掌握独立教学的能力，可以减少对教学活动不断盲目摸索和尝试所浪费的时间和精力。因此，教学模式的特点决定了其具有示范引导功能，一方面让教师在教学活动中能迅速熟练地掌握教学的"基本套路"；另一方面教师可以根据具体的教学条件或情境进行灵活变通，探索新的教学模式，促进教师创造性的发挥，促进教学工作的规范化。

第三，教学模式具有诊断预见功能。在教学活动中，教师可以对照教学模式不断发现教学活动中存在的问题，并对其进行有效的诊断，从而对教学活动不断改进，促进教学的规范化。由于教学模式揭示了教学活动中的规律性联系，也就是说，如果使用某种教学模式，就必须具备教学模式实施的条件，否则就不会实现教学模式预期的目标，因此，教学模式还可以帮助教师有效地增强对教学过程的控制和调节，确保教学达到预期的效果。

第四，教学模式具有系统改进功能。教学模式的运用能够有效地促进教学活动不断优化。在教学活动中，教学目标与教学条件、教学程序等因素是相互适应的，一旦不能适应新的教学目标，就需要不断改进教学活动中的其他因素，或者对教学模式进行创新，直到有一种更有效的、更完善的教学模式适应了新的教学目标，从而促进教学改革，达到满意的教学效果。所以，教学模式的系统改进功能是基于教学整体角度的，我们在教学模式优化的时候必须有整体的、动态的眼光。

（二）理论方面的功能

一方面，教学模式作为某种教学理论的概括和简化，已经具有一套相对稳定的教学结构和教学程序，具有可操作性，容易被人们所掌握和运用；另一方面，教学模式是通过简洁明了的语言文字或者具有象征意义的图像符号来对教学理论进行阐释的，比较容易传播和普及，因此，教师可以比较迅速地掌握其实质，从而用来指导教学实践。同时，通过对教学模式的运用，教师能够从教学模式的不断实践和检验中探索新的问题，从而促进教学理论的发展，并提高教学水平与能力。

三、高校思想政治理论课教学模式的内涵

要提高高校思想政治理论课教学水平和实效性，开展教学模式改革，必须首先明确高校思想政治理论课教学模式的科学内涵。

目前，理论界对高校思想政治理论课教学模式的内涵有统一的认识，大多是从教学模式的概念出发。第一种观点是从目的论的教学模式观出发，认为思想政治理论课教学模式是以构建大学生的学习参与机制，形成"实践体验"与"内化践行"的学以致用能力为目标指向的[①]。还有人提出，高校思想政治理论课教学模式"是在现代思想政治理论课理论与实践的基础上，促进教育双方自我教育、自我管理、自我发展，以增强和发挥人的能动性为导向的理论模型和实践范式"[②]。第二种观点是从程序论的教学模式观出发，认为思想政治理论课教学模式"是思想政治教育教学工作者基于一定的思政教育和教学理念，在一定的思政教育教学目标引领下，整合教学资源，按照教学程序开展教学活动的循环范式"[③]。第三种观点是从方法论的教学模式观出发，认为思想政治理论课教学模式是思想政治理论课教学的一般操作样式[④]，或者说是以学生为主体，以学科知识为背景，以案例材料为依据，以多媒体技术为手段，以素质能力的培养为目的的一种模式[⑤]。

综合以上观点，本书认为，高校思想政治理论课教学模式有狭义和广义之分。从狭义上来讲，高校思想政治理论课教学模式就是指课堂教学模式，是教师基于一定的教学思想和理念，围绕教学目标和教学内

① 赵红珍.大学生思想政治理论课教学模式探讨[J].中山大学学报论丛,2007(8):47-49.

② 张时碧,罗桂全.高职院校思想政治理论课教学模式改革与发展探析[J].世纪桥,2010(11):135.

③ 吕春燕.民办高校思想政治理论课教学模式改革探讨[J].经济研究导刊,2012(34):286.

④ 张志荣,薛忠义.试析高校思想政治理论课教学模式的整体架构[J].黑龙江高教研究,2013(4):110-113.

⑤ 姜冰.试论高校思想政治理论课课堂教学的基本模式[J].思想政治教育研究,2006(5):104-105.

容，按照一定的教学程序，有效开展课堂教学活动，对大学生进行马克思主义理论教育和中国特色社会主义理论体系教育的一种范式。从广义上来讲，高校思想政治理论课教学模式不仅仅包括课堂教学模式，还包括实践教学和网络教学模式，是三者的有机结合。因此，高校思想政治理论课教学模式是指在一定的教学思想或理论指导下，特定的教师、学生、媒体、社会环境按照一定的程序，整合各种教学资源，围绕一定的教学内容通过互动以实现思想政治教育教学目标的一种教学行为范式。

从这个概念来说，高校思想政治理论课教学模式除了具备一般教学模式的所有特点外，还具有学科性这一特征，即适合在教学实践中运用的教学模式，是具体层面的教学模式，包括课堂教学模式、实践教学模式和网络教学模式三个部分，而且这三个部分不是独立的，而是相互结合、交叉的。而且，高校思想政治理论课教学模式强调主体性，有利于充分发挥学生的主动性和参与性，有助于提高学生的综合素质和促进学生的全面发展。

高校思想政治理论课教学模式的建构和运用受到思想政治理论教育学科教学的特殊规律的制约，如双向互动规律、适度伸张力规律、内化外化规律和实践认识规律等，但最重要的是要通过教学模式的运用，实现从教材体系向教学体系转化、从教学体系向知识体系转化、从知识体系向实践体系转化，使大学生能够真正用马克思主义理论和中国特色社会主义理论体系指导生活、解决问题，促进学生全面发展。

第二节　目前高校思想政治理论课教学模式中存在的问题

随着中央和国家对高校思想政治理论课教学的重视，高校思想政治理论课教学模式的变革也越来越重要，但是运行过程中存在的诸多问题制约了其顺利运行及其实效性。

一、教学导向不够突出

高校思想政治理论课教学模式的运行与改革需要明确的教学导向。导向正确，才能更好地掌握教学过程中的主动权与管理权，才能促进教学的开展，促进教学模式的不断改革。高校思想政治教育要明确培养什么样的人、如何培养人、为谁培养人的问题，这就要求我们在教学中牢牢把握"培养人"这个导向。长期以来，我国高校教育过分注重对知识的灌输和经验的传授，在人才培养过程中更加突出对专业人才的培养，而忽视了通识人才的培育，功利主义的盛行弱化了高校的育人本质，同时对新的教育理念和思想接受度又不高，导致高校思想政治理论课教学导向不够突出，教学模式的改革出现阻滞。这种传统教育思想的影响主要体现在教师的教学理念和学生的学习认知上。

一方面，受传统教育思想的影响，教师的教学理念出现固化。高校思想政治理论课教学模式的运行需要学校、教师不断更新教学理念，尤其是教师的教学理念直接决定了其教学模式运行是否顺畅。但是由于长期以来，教师是知识标准的掌握者，在教学中处于中心地位，而学生最终应加深理解所接受的知识。受这种教学理念的影响，传统的"一言堂"式的灌输式教学模式经久不衰，一支粉笔、一块黑板成为这种教学模式的代表。这种教学模式过分强调知识的传授，就使教学脱离了学生的思想实际和社会现实，导致"思想也就越来越远地退居次要地位，从而把知识转化为信念的有效系数就越来越低"[1]。在这种教学理念下，高校思想政治理论课教师的教学理念已经根深蒂固，对于其他的教学理念和教学模式接受度比较低甚至有抵触情绪，更不用说去培养学生的问题意识与合作能力。而且，由于现行的教学评价机制轻教学重科研，高校和教师会把更多的经费、时间和精力投入科研工作，而对教学工作以及教学质量的投入往往较少，对高校思想政治理论课教学模式的关注和

---

[1] 傅统先,张文郁.教育哲学[M].济南:山东教育出版社,1986:169.

改革的兴趣不大，课程教学的素养导向也就体现不出来。

另一方面，受传统教育思想的影响，学生对高校思想政治理论课教学的认识也在很大程度上制约了思想政治理论课教学模式的顺利运行。当代大学生都是"00后"，他们个性独立，思维活跃，接受新鲜事物比较快，但是他们对思想政治理论课教学的本质认识不清，对其不够重视。这主要是因为他们在中学阶段基本上都已经学习了思想品德、历史、哲学等思想政治理论课程，而这些课程与当前高校思想政治理论课教学内容又有重复之处，他们认为自己对这方面的知识已经掌握了，再学一遍没有意义，因此学习兴趣不高。而且，他们认为高中学习是为了应对高考，上大学后没有了升学压力，学习思想政治理论课对自己没有多大用处，因此学不学这门课程无所谓。受功利化思想的影响，他们认为思想政治理论课与将来就业没有关系，而当前就业压力太大，因此必须多学习对自己就业有帮助的课程。这种功利化的学习目的，导致学生主体性发挥不足，问题意识不强，合作能力也大大减弱，教师对教学模式的改革与创新热情不足，长期下去将影响高校思想政治理论课教学模式改革的实效性。

二、教学内容针对性不够强

高校思想政治理论课教学模式的运行最关键的是对教学内容的把握，教学内容的不断深化与与时俱进是提高教学实效性的关键。但是当前教学内容不够深化，这主要体现在内容重复和针对性不足等方面，严重影响了教学模式改革的实效性。

高校思想政治理论课和中学思想政治理论课之间存在教学内容重复、课程结构整体性和层次性不强等问题，缺乏有效的设计规划，导致高校思想政治理论课教学难以取得实效性。高校思想政治理论课不同课程之间也存在内容重复、交叉的问题，如"毛泽东思想和中国特色社会主义理论体系概论"中"新民主主义革命理论"与"中国近现代史纲要"中"中国革命的新道路"的教学内容存在着明显的重复，这样就容易造成教学过程中一些知识点上的混乱，也会降低学生学习的兴趣，从而导致教学实效性不足。

当前高校思想政治理论课教学中一些教学内容滞后于社会发展，与学生的实际有些脱离，这样就会导致教学内容缺乏针对性。在教学中，教师应该理论联系实际，找准学生的兴趣点，从当前热点、焦点问题中寻找与教学内容的契合点，从学生身边的事例中探求与教学内容的结合点，有针对性地深化教学内容，如此才能做到有的放矢，提高教学的针对性和实效性。

三、教学载体的运用比较单一

在高校思想政治理论课教学模式运行过程中，课堂理论教学仍然是教学的主阵地和主渠道，但是随着社会的发展和信息化的发展，社会实践教学和网络教学也是开展思想政治理论课教学的载体与途径。当前高校思想政治理论课教学模式存在重理论轻实践的思想，主要是由于以下原因：一是社会实践教学缺乏物质条件和经费支持；二是部分教师认为课堂理论教学相对容易调控、组织与管理，而社会实践教学需要花费大量的时间和精力准备，所以就轻视了社会实践教学。

随着现代科技信息化的发展，大学生生活和学习的重要阵地就是网络，但是他们主动接受网络思想政治教育的积极性并不像他们上网那样高，这也就是说网络教学阵地在高校思想政治理论课教学模式运行中还有很大的利用空间，高校思想政治理论课教学也应该充分利用这些新的科技，使网络教学成为高校思想政治理论课教学的重要载体。

四、理论与实践脱节

当前高校思想政治理论课教学模式改革效果不佳还因为存在理论与

实践脱节的问题，主要体现在教学改革理念与实践脱节，教学内容与实践脱节。

在高校思想政治理论课教学模式改革过程中，教师在理论上逐渐意识到以学生为本和实践教学、网络教学的重要性，提出了专题式教学模式、参与式教学模式、情景式教学模式等，但是在实际教学过程中，由于受经费短缺、保障机制不完善等因素的制约，缺乏规范的实施措施，随意性较大，导致教学模式改革在实际操作过程中理论与实践脱节，难以真正开展。

高校思想政治理论课教学模式改革过程中理论与实践脱节还表现在教学内容与实践脱节，教学内容不能及时地反映社会发展过程中大学生价值观念和思想意识的变化，缺乏时代性。高校思想政治理论课教学不仅仅是向学生灌输马克思主义理论知识和中国特色社会主义理论，也注重对大学生进行思想道德教育，具有知识教育与信仰教育的双重属性，但是在教学模式改革过程中，教师往往只注重知识教育，而忽视了对大学生进行思想道德教育，以致关乎人的良善生活的理想教育、信仰教育以及真正的品德教育不断消失①，导致教材体系向教学体系、教学体系向知识体系、知识体系向实践体系的转变无法实现。

五、教学管理机制不够健全

高校思想政治理论课教学模式改革需要科学健全的保障机制，虽然"05方案"实施以来，这种情况有了很大的改变，但与其他学科相比，思想政治理论课教学模式改革的保障机制还有待完善。

一些高校思想政治理论课教学的管理制度不是很完善。思想政治理论课教学模式改革的顺利进行，需要教务管理部门对课时、学分、成绩评定标准、工作量计算及相应的津贴、评价等有明确的规定，制定相应

① 翟楠.追求道德"至善"，还是退守道德"底线"？:对当代道德教育的反思[J].华东师范大学学报(教育科学版)，2010(1):16-20,35.

第五章　大数据时代高校思想政治理论课教学模式的改革与创新

的制度。虽然有的高校制定了一些相关的教学管理制度，但是这些制度仅仅停留在文件上，并没有得到很好的执行，导致教学模式改革的效果不佳。管理制度的缺失主要体现在教学组织管理方面。传统的思想政治理论课教学因为大都是"满堂灌"，所以教学过程呈现封闭性、单向性的特点。但是随着思想政治理论课教学改革的推进，需要采取科学的管理措施。一方面，在教学前，教学目标、教学大纲、教学形式、教学时间等不太合理，导致有些教师在教学中随意发挥，效果不佳。另一方面，在教学中，教师为了完成教学任务和教学内容，与学生缺乏互动，对学生的课堂表现缺乏管理。有的学校要求教师上课点名，这从另一个方面也说明当前高校思想政治理论课教学模式运行中教学组织并不科学，毕竟现在大多是大班上课，一个班一百人左右。对学生在课堂上的表现，大部分教师表示不清楚学生在课堂上的状态，这说明教师对课堂教学管理不重视，更说明课堂教学管理不到位。

第三节　大数据时代高校思想政治理论课教学模式的构建

一、大数据时代高校思想政治理论课教学模式构建的理论依据

大数据时代，高校思想政治理论课运用大数据的教学模式的理念主要来自中国传统的因材施教和互动式教学理念。当代社会是复杂的系统，对于当代大学生而言，理解国家事务、理解社会公共事务的难度增加了，他们已经无法掌握所有相关知识，只能根据个人的喜好、需求和个性特点有选择地学习，因而高校思想政治理论课在全面、完整地讲授基本理论知识之外，还有必要结合当代大学生的个性化特点，因人而异

地就某些具体问题展开深入的教学。这种因材施教的理念在传统教学模式中难以完全实现，借助大数据在课前就可了解学生的相关情况。在西方，互动式教学理念源自苏格拉底的"知识的助产士"，以及罗杰斯的人本主义教育理论，还包括自主学习理论。基于杜威的实用主义教学方法形成了合作学习理论，它也是互动式教学的重要组成部分。以考夫卡、夸美纽斯，以及罗布斯·斯莱文的教育思想为主要依据，界定了清晰的互动范畴和互动方法。在国外，大数据教学模式与互动式教学的融合已有相当长的实践历程。其中，翻转课堂作为代表形式，是实践大数据思维的重要教学模式革新。翻转课堂亦可翻译成颠倒课堂、逆向教学、逆序教学，亦即"the Flipped Classroom Model"，简称FCM。2000年，迈克尔·特吉与莫琳·拉赫实践了翻转课堂的教学理念，在经济学课程教学中引进了该模式。2004年，萨尔曼·可汗利用图画进行辅导性教学，并伴以视频教学，这是完善翻转课堂教学过程的具体实践。2007年，亚伦·萨姆通过运用PPT及其他多媒体手段，进行线上教学，这是通过开展翻转课堂提升学生学习效果的具体实践，对翻转课堂流程设计具有重要作用[①]。这些研究成果均可以结合我国实际，运用到高校思想政治理论课的教学过程中。

二、大数据时代高校思想政治理论课教学模式构建的应用价值

大数据时代构建高校思想政治理论课教学模式，具有以下四个方面的应用价值，可以切实提升教育教学的实效性。

第一，大数据条件下的教学模式强调可视性，以较为直观的方法使教学内容清晰化，提升学生对具体教学内容的理解和掌握程度，同时提升学生的兴趣，提高学生对课程的认同度。第二，大数据最重要的特征即在于通过对数据的收集与整理，使教学内容在量化的基础上推进，这

---

① 朱思鸣.基于大数据思维的数字化教学模式构建[J].微型电脑应用,2015(5):42-43,49.

是基于大数据样本统计的精确性而言的。随着课程教学实证性的增强，单纯以理论教学为重心的模式亟待调整，因而样本的精确性和数据的实证性成为建构教学模式的重点，真正做到了用大量的、有说服力的实证数据教育大学生，进而实现教学目的。第三，大数据时代的思想政治理论课强调学生的参与，即强调双主体教学，倡导将大数据技术融入教学方法和手段，实现教学过程的整合。翻转课堂等教学法创新应与教学内容的创新同步。第四，大数据能够长期追踪和存储信息，积累多年的数据形成了纵向的历史数据。这使得教师能够客观准确地了解大学生思想变化和发展，并在大数据基础上分析和预测大学生的思想动态，有针对性地选择教学内容。

可见，大数据作为当今的教学辅助手段，对改进和创新高校思想政治理论课教学模式具有一定的应用价值。只有通过合理的模式建构，才能充分发挥其应有的作用。

三、大数据时代高校思想政治理论课教学模式构建的基本原则

大数据时代高校思想政治理论课教学模式改革要顺利有效地实施与运行，必须在创新与运行过程中遵循一定的基本原则，这些原则是观察问题和处理问题的准绳。

（一）整体性

高校思想政治理论课教学模式改革涉及方方面面，不仅仅包括教学的主体，还涉及其他的部门。一方面，高校思想政治理论课教学模式改革的主体是教师和学生，在改革过程中不仅要考虑教师的实际，包括教师的能力和水平，还要考虑到学生的实际。每个学生不仅年级、专业不同，而且他们的家庭情况、身体状况、知识水平、思想觉悟、心理状况、道德素质等也都不尽相同，如果在教学模式改革中没有考虑到这些

差异或者没有看到这些差异，构建的教学模式在实际运行中就不可能收到好的效果。另一方面，高校思想政治理论课教学模式改革涉及多个环节，从教学目标的规划到教学大纲的制定，从教学内容的确定到教学方法的选取，从教学过程的组织管理到教学评价的实施，哪一个环节出现问题都会导致教学前功尽弃，因此，在教学模式改革中要坚持整体性，全盘考虑每个环节。此外，高校思想政治理论课教学模式改革不能单纯依靠思想政治理论课教学部门或者单个教师来独立完成，还需要与其他部门和其他教师互相配合，形成强大的合力。高校思想政治理论课每门课程从学科知识体系上看都是相对完整的、自成一体的，但是它们都服从于同一教学目标，在教学内容上都有着相同的精神实质和理论内涵，要整合利用各种教学资源，包括校内和校外的资源，实现优势互补。在教学模式上可以从整体性出发，采取相同的或者相似的教学方法。

（二）针对性

高校思想政治理论课教学模式不可能培养学生的所有能力，也不可能解决教学中出现的所有问题，但是在教学模式改革中要坚持从实际出发，有的放矢，针对具体问题进行具体分析。高校思想政治理论课教学具有极强的针对性，一是教学对象的针对性，二是教学内容的针对性。因此，高校思想政治理论课教学模式创新的成功与失败，取决于该教学模式是否具有极强的针对性。

一方面，要针对大学生的实际。高校大学生大多属于"00后"，网络信息对其思想冲击越来越大，他们的思想状态也变得日益复杂。现代大学生在生理和心理上逐渐成熟，形成了自己的世界观、人生观和价值观，对事物也有了自己的看法与见解，自我意识相对较强。然而，实际上，他们的思想和心理容易受周围环境的影响。此外，每位学生都有自己的特殊经历和生活环境，因此他们的思想状态和认知能力也有所不同。高校思想政治理论课是全校性的公共课程，涉及不同专业不同年级的学生，每位学生的特点不一样，接受程度也不一样。因此，高校思想政治理论课在教学模式创新过程中，不能采取一刀切，要针对不同个体、不同群体选择恰当的教学模式，对大学生进行引导和教育。

另一方面，要针对不同的教学内容开展教学。与其他课程相比，高校思想政治理论课教学内容与中学的学习内容有许多相似之处，因此，在教学中，要根据教学的不同内容采取不同的方式，如对于学生已经掌握的内容，可以一带而过；对于学生容易理解和掌握的内容，可以加快教学进度；对于学生难以理解或者比较新的内容，可以适当放慢教学进度。同时，在教学过程中，要根据教学内容，紧扣时代主题和当前国内外的现实热点，把握学生关心的热点、难点问题，将反映时代特点和要求的内容充实到思想政治理论课教学中，有针对性地引导学生运用所学的知识进行分析解释，增加教学的现实性。这也是高校思想政治理论课教学的目标。

（三）主体间性

主体间性原则不同于主体性原则，主体性原则强调以学生为中心，或者强调以教师为中心，把学生或者教师作为高校思想政治理论课教学活动的唯一主体。主体间性原则强调教师与学生之间的相互尊重，给予了学生参与教学、充分展示自己的机会，促进了他们人格的健康发展。实践证明，教学只有在民主和谐的氛围中进行，才能取得更好的效果，反之，就会抑制学生的个性，学生各方面的综合能力也就不能得到完全自由的发展，教学的效果和质量就会大打折扣。有研究表明，在教师与学生显示出民主参与式的关系下，教学活动更具有效率，更容易充分发挥主体的主动性。在这种教学氛围下，学生可以无拘无束地展现自己的能力，表达自己的思想与情感，更能够积极主动地参与到学习与教学过程中，有利于学生各方面能力的提升，也有利于教师水平和能力的提高，真正实现了教学相长，教学效果更佳。因此，在思想政治理论课教学模式创新中要坚持主体间性。

一方面，要坚持教师与学生双主体的主体性。这就要求改变传统的以教师为中心的主体性教育，要肯定学生的主体地位，让学生真正成为教学的主动参与者，变"要我学"为"我要学"。而作为高校思想政治理论课教学模式的另一个主体——教师，应该把自己定位在与学生平等的地位，支持和引导大学生进行自主学习，把学习的时间和空间更多地留给学生，而自己则是教学活动的组织员、引导员、管理员与监督员。如此，才能充分发挥教师与学生的主动性、积极性，增强教育教学的效果。

另一方面，教师和学生都应该积极发挥主观能动性，主动适应各种教学资源和教学环境。通过充分利用教学资源，搭建起师生之间的桥梁，实现平等对话、互动。通过彼此的互动合作，实现教学目标，促进教师水平和能力的提高，同时促进学生综合能力的发展。

（四）实践性

马克思主义认为，实践是认识的来源，是认识不断发展的动力，也是检验认识真理性的唯一标准。只有通过实践，人们才能深刻认识事物的本质和规律。高校思想政治理论课教学本身就是一种特殊的社会实践活动。这不仅因为它涉及特殊的实践对象——大学生，特殊的实践结果——大学生思想变化和世界观的形成，以及特殊的实践方式——教师的言传身教，更重要的是，尽管它是一种认识过程，但是本质上不论是教师的教学活动还是大学生的认识活动都属于社会实践。只有通过社会实践，才能实现知行合一。因此，高校思想政治理论课教学不仅要通过理论教育来完成教学任务，还应该经常性地开展社会实践。"只有把理论教育与社会实践结合起来，才能充分发挥思想政治理论课在培养学生良好思想道德素质和科学文化素质中的作用，真正实现高校开设思想政治理论课的目的。"①为此，中共中央、国务院发出的《关于进一步加强和改进大学生思想政治教育的意见》中强调："要积极探索和建立社会

---

① 范生姣.高校思想政治理论课教学与实践相结合的哲学思考[J].贵州社会科学,2008(9):38.

实践与专业学习相结合……的管理体制……使大学生在社会实践活动中受教育、长才干、作贡献,增强社会责任感。"同时,教师的教学活动是以掌握科学理论、熟悉教材内容、了解教学对象等为基本前提的,可以说,在教师教学过程中的每一个环节都包含着社会实践活动。这些实践活动作为思想政治理论课教学活动的有机组成部分,都是围绕促进学生思想道德素质的提高这一目标而展开服务的,思想政治理论课教师的教学活动是实践活动。所以,要提高高校思想政治理论课教学的针对性和吸引力,在教学模式改革中就必须坚持实践性。

(五)开放性

高校思想政治理论课教学模式一旦形成就具有相对稳定性,但是俗话说"教无定法",因此高校思想政治理论课教学模式不是一个封闭的、孤立的系统,而是一个开放的、动态的生态教学系统,会随着教学实践的不断发展而发展,会不断地吸收新的因素,为教学模式的创新和可持续发展提供动力。正如美国心理学家罗杰斯所言:"它是灵活的,在概念、信念、知觉和假设之中它是敞开的。对于其中的模糊性,它是宽容的,是允许它如其存在那样的。它因而具有接收许多矛盾的信息而不拒之于经验之外的可能性。"①一方面,高校思想政治理论课教学模式改革中,教学理念和教学思想必须开放。任何一种教学模式都不是在一种教学思想和教学理念的指导下形成的,必须兼收并蓄、海纳百川,只要对教学模式的顺利运行有益都可以吸收利用。另一方面,教学内容和教学过程必须开放。虽然思想政治理论课每门课程都有自己的特点和独特的教学内容,但是它们也有相同的地方,而且每门课程各章节之间都有衔接的地方,因此,在教学内容选择上必须打破传统观念的限制,时刻将教学内容与时代要求和社会现实相结合,从学生生活中选择教学素材,将教学内容放到一个开放的教学环境中,使枯燥乏味的教学内容从单纯的说理转变为多样的体验交流,让学生能够充分发挥他们自身的开放性

---

① 卡尔·罗杰斯,洪丕熙.走向创造力的理论[J].全球教育展望,1984(3):24.

思维和创造性思维，实现各方面素质和能力的提升。

四、运用大数据技术，构建高校思想政治理论课教学模式

高校思想政治理论课是青年大学生政治素质和道德素质培养最重要的载体，教学效果与教育质量直接关系到国家的意识形态建设和青年大学生心理人格的健康发展。为了保证教育教学效果，教学模式需要根据时代的发展而不断改革创新与自我完善。客观来讲，大数据是一把双刃剑，它既为课程教学带来了挑战与冲击，同时也提供了难得的发展机遇。在新的形势下，思想政治工作者需要勇于担当自身所肩负的责任与使命，不断创新教学模式与手段，让大数据真正成为高校思想政治理论课的新工具、新载体、新方法、新途径，使未来的高校思想政治理论课教学取得大家所期待的成果。

（一）树立大数据思维，提升大数据处理能力，缩小信息鸿沟

大数据时代，教师不再占有信息优势，如果思想政治理论课教师在对大数据的运用与大数据知识的掌握上落后于人，那么也将使其对专业知识的理解失去现实生命力和生动的说服力。因此大数据时代的思想政治理论课教师必须树立大数据思维，提升大数据处理能力，缩小大数据所可能带来的信息鸿沟。

首先，要形成全面性思维，培养模糊性思维，建立开放性思维。提升自身信息接收的广度与深度，寓精确于模糊，建立对思想政治教育环境中的多样信息的感受力和价值判断力，以开放的心态与不同意见的人交流，以平等的姿态与学生沟通，创设与学生共同学习的环境氛围，共同探讨、发现、解决问题，形成共同经验，产生情感共鸣，内化价值理念。

其次，要增强大数据处理能力，缩小信息鸿沟。尽可能地广泛搜集与课程相关的数据信息，既包括传统的文本化结构性数据，又包括网

络、社交媒体上的图片、音视频等半结构化、非结构化数据；强化数据筛选、分析能力；提升数据识别能力和价值判断能力，提升数据把握、解释能力，对搜集到的数据能够做出合理的解释与运用，并能够基于此对学生做出正确的价值引导和教育。

（二）依托大数据技术，开辟全新的教学平台和育人渠道

教学模式是教学理念和教学实践的中介和桥梁，科学的教学理念需要通过合适的教学模式得以展现，教学实践需要依托一定的教学模式方能进行。大数据技术，使慕课、微课以及翻转课堂等教学模式应运而生。构建高校思想政治理论课教学模式，要充分结合时代背景和学生需求，运用大数据技术，立足于实践教学模式，将翻转课堂打造为高校思想政治理论课的创新点，把慕课、微课模式作为高校思想政治理论课的生长点。

1.将实践教学模式作为立足点

在"一笔一黑板，一书一教案"的理论教学中引入实践教学环节，能够进一步理解理论、深化理论、丰富理论，符合理论与实践相结合的要求，体现了知行统一的教学思想。从实践形式上看，目前比较成熟的思想政治理论课教学形式有参观考察、社区服务等社会实践类活动，课堂讨论、知识竞赛等语言表达类活动和多媒体教学等影音图像类活动。在这些实践教学形式中可以融入大数据技术，比如通过时下流行的微直播平台记录实践活动的精彩瞬间，向大众展示完整的实践过程，让家长、亲人、朋友一起见证学生的发展和成长。从活动时空来看，学生已经对单一的固化的活动时空产生了免疫心理，实践教学很可能"走走过场""流于形式"。大数据环境下时空界限被打破，实践形式的多样性和实践内容的时效性可以并存，实践教学需要走综合化道路，将课堂内外的实践活动相结合、校园内外的实践活动相结合、线上线下的实践活动相结合。从发展趋势来看，大数据技术为虚拟环境下的虚拟实践教学提供了可能，虚拟实践教学操作便捷，一台电脑或者一部手机就能进行模

拟教学，而且组织管理自动化，考核评价可量化，更加体现公平和公正。

2.将翻转课堂模式作为创新点

传统的课堂教学模式包括知识传授和知识内化两个阶段，知识传授由教师通过课堂讲授来完成，课后学生通过作业实践对所学知识进行深化理解。翻转课堂颠覆了传统的教学形式，将教师的课堂讲授放在学生自主学习之后，先确保学生对知识有一定程度的掌握，再把学生从课前获取的知识概念带到课上共同探讨，实现知识内化。翻转课堂不同于在线课堂，它实质上是将教学主动权交到学生手中，而在大数据时代，它最大的便利之处在于使学生能在课前自主学习。针对具体的理论课设置而言，在"毛泽东思想和中国特色社会主义理论体系概论"课和"思想道德与法治"课中引入翻转课堂模式容易取得更好的学习成效。"毛泽东思想和中国特色社会主义理论体系概论"课偏重时代性，不同阶段的数字化视频可以辅助课堂教学，在保证教学内容足量的前提下，教师要注意在视频的选择上尽量短小精悍，以讲授一个完整知识点为宜；"思想道德与法治"课则偏重应用性，案例教学模式能够事半功倍，比如在法律基础知识学习中，教师可以采用案例讲授法选择有代表性的典型案例进行分析讲解，也可以运用案例模拟法组织学生开展"模拟法庭"，还可以运用案例讨论法就特殊案例进行分组研讨和辩论。

3.将慕课微课模式作为生长点

慕课的显著特征在于它的大规模和开放性，与大数据时代的基本特征不谋而合。它的大规模体现在可以同时承载成千上万的人听课，让大家能够共同体验学习的气氛和乐趣。其开放性在于不受地域、国籍、年龄等限制，任何人都可以加入学习中，因此，学习完全成为一种自主自愿以兴趣为导向的个人行为。第一，慕课平台适用范围广，是高校思想政治理论课走出高校、走向世界的绝佳契机。这类课程包含明显的价值观内容，需要我们有勇气主动推广，以使国内外学生对中国的了解更加客观和全面。第二，慕课的课后评估环节十分频繁，不仅有常规的期中期末测验，在每节课结束后还会有小测验，而且考试评分由小组同学互评完成，学习小组齐抓共管，共同进步。这种个性化教学，"不同层次、不同能力、不同兴趣爱好的学生都可以在其中找到自己的位置，得到相应的教育"①。第三，慕课上的学习内容是丰富多彩的，还会有相关链接和主题推荐，以提供适当的引导和点拨。

微课基于"翻转课堂"模式构建起来，通过给不同的学习对象提供导学视频，帮助学习者有效地掌握相关章节的内容。微课首先按照教材的大致框架将内容分为若干主题和知识点，再逐一进行导读和深入讲解。学习者可以根据自身需要点击相应版块，学习完成后还能在交流讨论区进行重难点的答疑和探讨。在高校思想政治理论课中引入微课模式，一方面要夯实基础，先把常见而且相对简易的PPT和微视频做好做精，文字、音乐和视频插入相得益彰，页面布局详略得当。背景柔和、音质无损、画质清晰的微视频能够带给学习者更好的学习体验。另一方面要提升技能，适当探索比较复杂的情景剧式微课程，通过内容策划、剧本撰写、人员敲定、拍摄场景、后期剪辑等一系列步骤，带领学生玩在其中、乐在其中、学在其中。

（三）发展教育大数据，驱动教育模式改革，推动个性化教学

教育大数据，简单来讲就是指整个教育活动过程中所产生的以及根据教育需要采集到的，一切用于教育发展并可创造巨大潜在价值的数据集合②。教育大数据概念的提出，是为了更好地发掘和利用教育过程中产生的海量数据资源，构建全员、全程、全方位育人新格局。教育是人类社会基本活动领域。传统教育活动中产生的各种数据信息只通过有限的方式（文字记录、口传心授）记录、储存、积累下来，许多宝贵的资源湮没于时空之中。在大数据时代，移动通信、云计算、云储存、普适计算等新技术逐步融入教育全过程，在不影响师生教学活动的情况下实

---

① 王海啸，陈海.个性化教学大纲是教改成功的保证[J].中国外语，2014(2)：10.

② 吴锋."大数据时代"科技期刊的出版革命及面临挑战[J].出版发行研究，2013(8)：66–70.

时采集、记录微观的教学数据，如学生对教师课堂讲授的不同主题的反应、关注度等。这些数据信息可以汇总到统一的大数据教育信息库中，作为推进未来高校教育改革的战略资源。目前，高校思想政治理论课教学中存在一系列的现实问题，如课堂教学效果有限、学生兴趣不大、出勤率低等，而教育的大数据库恰恰可以成为解决这些问题，推进教学模式改革完善的现实依据。通过大数据分析，可以针对不同学生需求提供差异化的教学方案，满足不同学生的兴趣爱好。通过教育大数据汇集，可以发现、挖掘出以前根本看不到或被忽视的教学细节，对这些混杂数据进行深度挖掘和分析，并与其他领域的大数据进行关联分析，可以使教学活动更有针对性，对学生的教学安排更符合学生自身的个性需求，从而实现真正的个性化教学。

五、大数据时代高校思想政治理论课教学模式构建的保障性因素

（一）开发大数据技术支撑平台，提供技术保障

在大数据时代，教育者需努力将思想政治理论课与多媒体技术及数据处理技术相结合，开发课程建设的数据信息平台。以 MOOC 为例，其由开发端、制作端、运营端与客户端等构成一个闭合的生态系统，课程具有开放性，由平台开发后即可通过付费或非付费的形式进行自由教育，课程的教学过程全程具有开放性，通过话题与主题授课方式展开，每个教学单元可形成独立的整体。在运用 MOOC 模式开展高校思想政治理论课教学的过程中，需促进高校思想政治理论课教师资源整合，同时推进前端开发平台整合，并引进资金进行客户端开发，将技术作为整合高校思想政治教学内容的重要工具，并以技术的进步推动教学理念与教学法与时俱进，与大数据时代的教育运作方式有机结合。

（二）教师革新教学理念，提供观念保障

教学主体是大数据时代贯彻和落实教学理念的关键所在。大数据时代应推行双主体教学，有效提升教师教学效率和学生主体参与度。在教师方面，学校应加强队伍建设，传播先进教学理念，提升教师对大数据时代教学方式的认知，以教师为切入点，全面提升师生结合度和课程教学的完整性。同时，还应开展教学培训，将统计学思想和软件引入数据处理过程中，针对时事热点问题进行问卷调查，并通过运用SPSS、Eviews软件实现对数据的处理，验证所研究问题的显著性，避免定性研究的误差[①]。在学生方面，应着重提升学生参与意识与积极性，培养学生掌握归纳与演绎分析方法、定性与定量研究方法，并培养其团队意识、合作意识与自主学习意识。在翻转课堂等教学实践中逐渐锻炼学生的理性思维能力，并组织学生针对特定社会问题进行问卷设计、问卷信度与效度检验、数据处理与回归分析等，培养学生项目处理与问题分析能力，使师生双主体均能有效利用数据，通过提升自身数据整合与处理能力，使得思想政治理论课堂成为全方位提升学生思维与行为能力的平台。

（三）推进大数据时代思想政治理论课程内容与现实相结合，提供内容保障

虽然大数据对思想政治理论课教学的影响作用较为明显，并直接影响了教学方式和教学模式，但在教学内容和社会现实之间仍存在很大张力，因而要紧跟时政热点，发挥思想政治教育的价值导向功能。教师也应适当把关，使学生在大数据面前梳理正确的价值判断和事实判断体系，合理反思热点事件中的是非曲直，辩证看待政治热点及社会焦点问题，避免随波逐流[②]。大数据是高校思想政治理论课的教学手段，而不

---

① 陈雪强.大数据:教学评价模式的信息化探寻[J].教育导刊,2015(11):82-85.

② 王睿.大数据时代教学模式的变革[J].人民论坛,2015(36):172-174.

是目的本身，应在运用大数据进行教学的转向中明确手段与目的的区别，以辩证思维展开教与学，以马克思主义为高校思想政治教育的根本指导思想，以大数据为教学转向的路径，最终实现教学效率与效果的提升，促进教学内容的与时俱进。

总之，将大数据的思维方式、运用模式及载体引入高校思想政治理论课教学活动中，可使得该教学理念具有实践根基，并最终实现其对学生思想政治素养与学习科研能力的双重提升。在教学中，不仅要促进教学方法与大数据处理技术相结合、教学内容与热点相结合，还应实现双主体的反思，在大数据时代有效甄别信息。通过合理开展高校思想政治教学，使得高校思想政治理论课程教学与时俱进，并通过不断反思而实现发展与完善。

第六章　大数据时代高校思想政治理论课实践教学的改革与创新

大数据既是一股新的技术浪潮，也是一场思维变革的风暴。随着信息存储量的极速增加，人们在实践中逐渐意识到，通过数据的开放、整合和分析，能够获得新的认知乃至创造新的价值。在某种程度上而言，大数据为我们提供了一个前所未有的视角来重新审视世界，"将重塑我们的生活、工作和思维方式"①。这种大数据理念和方法正逐渐向教育领域渗透，对传统教育思维、理念、内容、评价等方面将产生深远影响。大数据时代，高校思政课实践教学面临着巨大的机遇和挑战。发挥大数据优势，有助于思政课实践教学冲破传统实践教学模式，贯彻差异化教育理念和实施个性化教育。

当前，高校在校生以"00后"为主，他们思维活跃，个性张扬，热衷接触新鲜事物，熟悉互联网新媒体技术，在学习和生活中有自己的想法和主张。为满足他们的需要和期待，在实践教学中，引入大数据分析，能够提高教学决策的科学性，"以达到教育人、培养人、引导人，从而实现不断推动社会发展与进步的社会价值目标"②。

---

① 维克托·迈尔-舍恩伯格，肯尼斯·库克耶.大数据时代：生活、工作与思维的大变革[M].盛杨燕，周涛，译.杭州：浙江人民出版社，2013：239.

② 崔海英.大数据时代高校网络思想政治教育的价值维度与实现方式[J].黑龙江高教研究，2015(3)：34.

第一节　高校思想政治理论课实践教学理论

一、高校思想政治理论课实践教学的理论基础

实践教学是高校思想政治理论课的重要组成部分，它的提出是建立在科学的基础之上的，有着客观的理论依据。系统阐明实践教学的理论基础，对提高人们对实践教学的认识和理解，推进实践教学改革有着重要作用。

（一）哲学理论基础

马克思主义哲学中的实践观和认识论强调了实践对人的成长成才的重要作用和理论与实践相结合的必要性，为高校思想政治理论课实践教学提供了哲学理论基础。

1.实践观

实践教学是一种基于实践的教育理念和教学活动。实践观是马克思主义哲学的首要的和基本的观点，它是联系主观世界与客观世界的桥梁。马克思认为："从前的一切唯物主义——包括费尔巴哈的唯物主义——的主要缺点是：对对象、现实、感性，只是从客体的或者直观的形式去理解，而不是把它们当作人的感性活动，当作实践去理解，不是从主体方面去理解。"[①]从这句话可以看出，马克思把实践看成是"人的感性活动"或"对象性的活动"。而且，实践是人特有的存在方式，实践意味着变革和改造。人和世界的关系首先不是认识的关系，而是实践的关系。毛泽东说："你要有知识，你就得参加变革现实的实践。你要

---

① 马克思恩格斯选集：第 1 卷[M].北京：人民出版社，1995：58.

知道梨子的滋味，你就得变革梨子，亲口吃一吃。"①可见，实践是认识的来源。学生可以通过实践，积累经验，获取认识和知识。因此，我们在思想政治理论课教学中要重视实践，充分发挥实践教学的作用。高校思想政治理论课教学的目的不仅在于理论知识的传授，更重要的是学生思想观念的塑造、能力的培养。高校通过开展课堂内外的各种应用性、导向性的实践活动，使大学生从中获取丰富的感性认识，并且将马克思主义的世界观转化成一种科学的思维方法，并用这种思维方法去分析、解决一些现实的问题，从而提高大学生的实践能力和培养创新精神。

2.认识论

马克思主义认识论有两个基本观点：一个是认识与实践的辩证关系，一个是认识规律。它强调在实践的基础上发挥主体的能动性，然后认识世界和改造世界。从认识与实践的辩证关系来看，认识是实践基础上主体对客体的能动的反映，实践是联系主体与客体之间的桥梁。人在实践中获得认识，并检验和发展认识，最终达到更好地实践的目的。实践对认识具有决定作用，认识对实践具有反作用，即认识指导实践。认识与实践这一辩证关系要求我们在思想政治理论课教学中要做到理论联系实际。

从认识规律看，认识来源于实践，实践是对认识的检验、丰富和发展。科学的认识过程是实践—认识—再实践—再认识，循环往复，以至无穷，使认识得以深化和实践得以发展。所以，一个正确认识的获得需要一个过程，往往经过由实践到认识，由认识到实践这样多次的反复。实践将人的认识和客观对象联系起来，而实践的结果可以判明指导实践的认识是否合乎客观实际。通过思想政治理论课实践教学，大学生带着理论问题走向社会，运用所学知识和理论发现问题、分析问题；在形式多样的实践活动中来获取对事物的感性认识，还可以把在实践中发现的实际问题带回到课堂来讨论，以理论指导实践，以实践丰富理论，这样做就可以充分发挥学生作为主体的能动性，促进学生正确思维模式的形

① 毛泽东选集:第1卷[M].北京:人民出版社,1991:287.

成，并在具体实践过程中提高他们观察、分析和解决实际问题的能力。

（二）教育学理论基础

伴随着教育观念的现代化，现代教育越来越多地把实践活动作为教育的方式及内容，以增强教育实效，促进人的发展。高校思想政治理论课实践教学体现并运用了教育学上的主体性教育理论和渗透性教育思想。

1.主体性教育理论

主体性教育理论是一种崭新的教育思想，它缘起于反思传统教育的弊端。主体性教育理论在20世纪80年代兴起并发展起来，90年代中期以后主体性教育理论开始进入实践领域，成为我国教育改革的主要指导思想。主体性教育理念推动着中国教育思想和实践从传统走向现代。主体性教育理论提出了学生是教育的主体这一命题，力图改变学生的地位与现状，真正调动和发挥学生在教育与教学过程中的能动作用。主体性教育理论认为："教师是实施教育的主体，学生是学习的主体，二者共同构成教学活动的两端，建立起交互作用的主体共同体，师生关系就是教师和学生在教与学的活动中通过交往所建立起来的主体关系。"[①]教育者和受教育者作为平等的主体相互影响。

人是实践的主体，实践教学能够让学生更好地发挥主体的作用。实践教学摆脱了课堂的枯燥和无味，它生动直观，学生愿意参加；无论是讨论，还是社会调查等，实践教学要求学生自己查阅资料，做好前期准备工作，并独立面对问题，解决问题；实践教学都还强调自主读书、学习、研究等，在教师的指导启发下，可以充分调动起学生学习的兴趣和积极性。可见，实践教学能够有效地发挥学生的主动性、能动性、创造性、自主性和独立性，为学生主体性的发展开拓了广阔的空间，促进了学生的全面发展。在教师和学生这两个主体的互动中完成实践教学，打

---

① 武丹丹,白建军.主体性教育理论对研究生德育的启示[J].现代教育科学(高教研究),2008
(2):80.

破了学生被动学习的局面，教学效果当然得到提升。所以，高校思想政治理论课重视实践教学，完全符合主体性教育理论的理念。

2.渗透性教育思想

渗透性教育是指通过间接的或隐蔽的形式对学生进行教育，使学生在不知不觉中受到潜移默化的影响。渗透性教育表现出非强制性、愉悦性、隐蔽性、无意识性的特点。渗透性教育可以淡化教育的痕迹，有利于调动被教育者参加活动的积极性，最终达到教育的目的。渗透性教育思想要与实践紧密结合。高校思想政治理论课实践教学可以很好地应用渗透性教育思想。课下实践、校园生活实践、基地实践、情境实践、社会实践等实践教学都是学生非常愿意，而且是会主动积极参加的实践。在实践中可以把课堂上学到的理论深化，可以验证思想政治政治理论课的理论、观点，还可以通过切身的体验感受国家的变化，从而从内心信服思想政治理论课，增强学习思想政治理论课的主动性。通过这种耳濡目染、润物细无声的实践活动，使学生在参与活动中就受到了教育，而且心悦诚服，实践教学效果自然非常的理想。

（三）社会学理论基础

社会学中人的社会化理论也是高校思想政治理论课实践教学的理论基础。人的社会化是指自然人逐渐成长为社会人的过程，是学会社会生活、将文化积累和传承、维持社会结构并发展，同时个人的特有个性逐渐形成和完善的过程。社会化是社会行为的模塑过程。通过这一过程，人们形成了被其生存环境所认可的社会行为模式，对其生存的社会文化环境中的各种简单和复杂的刺激能够给予合适的、稳定的反应。每个人必须经过社会化才能使外在于自己的社会行为规范、准则内化为自己的行为标准。人的社会化过程有赖于个体与社会的相互作用，人的社会化总是要借助各种社会化活动才能实现。在人的社会化过程中，大学生的社会化备受人们的关注和重视。大学生社会化是高等教育面向社会的必然结果，高等教育的大众化发展也使得这一问题在当今社会日益凸显。

正确认识分析大学生社会化问题，有助于加强思想政治理论课的针对性，提高大学生的社会竞争力。高校思想政治理论课实践教学通过社会实践等形式使学生接触社会、了解社会，形成对社会的一定认识，学生通过社会化过程将社会价值观念进行内化。而且大学生在社会实践的基础上深化了对社会问题的思考，培养了投身社会、报效社会、服务社会的理想和信念，净化了心灵，升华了认识，提高了觉悟。

（四）情景认知理论基础

1987年，在美国教育研究协会的就职演说中，瑞兹尼克（Resniek）发表了她的演讲《学校内外的学习》，随后这篇演讲在美国教育杂志上发表。瑞兹尼克认为，校内的学习是个体化、抽象的，而校外的学习则具有合作、情境化、具体等优势。在瑞兹尼克这一观点提出不久，1989年，布朗、科林斯与杜吉德（Brown、Collins & Duguid）在教育杂志上发表了他们著名的论文《情境认知与学习文化》。这篇论文比较系统完整地论述了情境认知与学习理论，成为情境认知与学习理论研究领域中的开创与指导性之作。

情境认知理论的观点是：学习的知识、思考和情境是相互紧密联系的，知与行是交互的，知识是情境化的，是要通过活动来发展的。学习是埋藏于情境中的一种实践活动。参与实践促进了学习和理解，知识通过运用才能被人充分理解掌握。情境学习与传统的灌输式教学相比，注重学习者、教师之间的沟通，注重在互动交流的情境中汲取知识，使学习者从被动学习变为主动获取新知识。情境认知理论还强调：学习的设计要以学习者为主体，内容与活动的安排要与人类社会的具体实践相联通，最好在真实的情景中，通过类似人类真实实践的方式来组织教学。情境认知理论为进一步深化高校思想政治理论课实践教学改革提供了理论依据，它是情境实践和网络虚拟实践的理论基础。

二、高校思想政治理论课实践教学的基本内涵

加强高校思想政治理论课实践教学和提高实践教学水平，必须首先明确思想政治理论课实践教学的科学内涵。对思想政治理论课实践教学的内涵，理论界尚有不同认识，还没有统一的界定。从总体上看，高校思想政治理论课实践教学的内涵有狭义和广义之分，本书主张的实践教学是从广义上理解的。

（一）狭义的实践教学

狭义的实践教学认为，思想政治理论课分为理论教学和实践教学两部分，实践教学是理论教学的延伸、扩展和深化，只在课外进行。更确切地说，狭义的实践教学是指社会实践教学。

学者高维钫认为："思想政治理论课实践教学应为走出课堂，投身于鲜活的社会实践中去……应是学生直接参与的感性活动。"[①]

学者张森年认为："实践教学既然是相对于课堂教学的一种教学形式，因此，它应当是课堂理论教学以外的，借助其他教学手段和方法或由学生自主参与的一切教学形式，至于学生上台讲课以及课堂讨论等作为值得倡导的教学方法，应当归属于课堂教学而不是实践教学。"[②]他强调通过让学生走进一个社区，调查一个企业，采访一个人物等考察活动或参与到帮助贫困家庭或个人，自觉从事公共卫生、环境保护、社会救助等社会实践中，使学生受到教育，得到锻炼。

学者康强认为："狭义的实践教学包括各种实践教学活动，如参观访问考察活动、社会调研活动、学雷锋活动、文化科技卫生'三下乡'

---

① 教育部社会科学研究与思想政治工作司.高校思想政治理论课实践教学的探索与思考［M］.北京:高等教育出版社,2005:58.

② 张森年.提高高校思想政治理论课实效性的思考与探索［J］.清华大学学报(哲学社会科学版),2006(A2):136.

活动、青年志愿者服务活动、社区援助活动、勤工助学活动等等。"①

综上所述，本书认为，狭义的思想政治理论课实践教学是指在课外利用社会实践等空间组织的教学活动，主要包括参观考察、社会调查、"三下乡"、志愿者服务、法律咨询、扶贫济困、义务劳动等形式。

（二）广义的实践教学

目前，广义的实践教学在学术界占主流地位。学者柳礼泉认为："所谓实践教学，是一种基于实践的教育理念和教学活动。它通常指在教学过程中，构建一种具有教育性、创造性、实践性的以学生主体活动为主要形式，以激励学生主动参与、主动思考、主动探索为基本特征，以促进学生整体素质全面发展为目的的教育教学观念和教学形式。"②

学者孟彩云指出："所谓实践教学是相对于理论教学而言的……实践教学的标准是：从内容上讲必须和所讲授的理论有内在联系，是理论教学的深化或拓展；从目标上讲是培养全体学生提高综合素质做一个全面发展的人；从形式上讲是在教师指导下，学生动口、动手、动脑的活动或者是师生的教学互动。据此实践教学可以在课内，也可以在课外；可以在校内，也可以在校外；可以说也可以做。它极大地拓宽了思想政治教育的时空。"③

学者张国镛指出："广义的思想政治理论课实践教学是指除了进行理论教学之外的所有与实践相关的教学方式，它既可以体现在思想政治理论课的课堂教学之中，更多地体现在思想政治理论课的课堂教学之外。"④

学者阎占定认为思想政治理论课的实践教学就是指：在课堂理论教

---

① 教育部社会科学研究与思想政治工作司.高校思想政治理论课实践教学的探索与思考[M].北京:高等教育出版社,2005:40.

② 柳礼泉.大学思想政治理论课实践教学研究[M].长沙:湖南大学出版社,2006:41.

③ 孟彩云.高校政治理论课实践教学方法探微[J].安阳师范学院学报,2004(6):85.

④ 张国镛.思想政治理论课实践教学的基本涵义和基本方式[J].江南大学学报(人文社会科学版),2004(6):75.

学之外，与课程本身相联系，由教师主导的一切教学活动。这个概念包含三层含义：一是思想政治理论课的实践教学活动是在课堂理论教学之外的活动；二是思想政治理论课的实践教学活动必须与课程内容有关；三是思想政治理论课的实践教学必须是教师主导的教学活动①。

学者谢洪兰对思想政治理论课程实践教学的内涵界定如下："思政课实践教学，就是在完成思政课理论教学的基础上，通过具体实践途径，达到对思政课课堂上学习的基本理论知识的进一步理解、吸收、内化，实现对思政课基本理论、原理的应用，从而进一步树立马克思主义的世界观和方法论。"②

学者陈丽明指出："思想政治理论课的实践教学是指在课堂理论教学之外，与课程内容相联系的，强调学生主动参与并且由教师主导的教学活动。"③

结合学者的观点，本书认为广义的思想政治理论课实践教学是指除了教师课堂讲授之外的所有与实践相关的教学方式，它突出学生的主体性，以促进学生综合素质全面发展为目标，它既可以在课堂教学中，也可以在课堂教学之外，既可以在校内，也可以在校外。课内实践教学包括师生异位教学、知识竞赛、演讲、辩论比赛、专题研讨、案例教学、观看教育片、模拟法庭等形式；课外实践教学除了社会实践外，还包括读书活动、社团活动、网络实践、校园文化建设活动等形式。校内实践教学包括课内实践和校园实践，校外实践则包括社会调查、参观、社会服务等社会实践。

可见，广义的思想政治理论课实践教学有两个特点：一是重在调动学生参与到教学活动中去，发挥其主观能动性，在教学实践活动中去锻炼自我、完善自我；二是强调让学生直接或间接接触社会现实，理论联

---

① 阎占定.对高校思想政治理论课实践教学中相关问题的探讨[J].湖北社会科学,2008(11):179.

② 谢洪兰.高校思想政治理论课程实践教学含义和形式研析[J].中国市场,2008(22):125.

③ 陈丽明.对高校思想政治理论课实践教学的思考[J].思想理论教育导刊,2010(2):70.

系实际，获取、验证知识和培养、锻炼能力，从而提高综合素质。

由于对思想政治理论课实践教学含义理解的不同，各高校的具体实践教学内容和形式侧重也不同。要赋予高校思想政治理论课实践教学以更大的外延。这不仅能加深对实践教学的认识，而且能够推动实践教学改革，自觉地设计和开展多种形式的实践教学活动。

三、高校思想政治理论课实践教学的基本功能

功能是指事物的作用与功效，主要指具有特定结构的事物或系统内部与外部的联系中所表现出的作用。"按照结构功能主义的观点，功能是和结构联系在一起的，不同的结构赋予不同的功能。"[1]思想政治理论课实践教学的功能取决于其在思想政治理论课程体系和整个思想教育中的地位，实践教学的功能不仅表现为它在思想政治理论课程体系中的导向功能和保证功能，还表现为它对受教育者个体成长的育人功能和享用功能。

（一）深入理解马克思主义理论的导向功能

高校思想政治理论课承担着对大学生进行系统的马克思主义理论教育的任务。实践教学作为思想政治理论课教学中的重要环节，以其教学活动的开展、教学过程的进行、教学方法的实施、教学手段的运用配合着理论教学，共同完成用马克思主义理论成果武装当代大学生的重要使命。马克思主义认为，理论来源于实践，又必须在实践中得以检验。马克思主义理论之所以是一个科学的理论体系，正因为它是实践的结晶，又不断地在实践中得到检验和完善。实践教学正是要通过揭示课程体系所反映和提炼的马克思主义理论与实践的关系，深入挖掘课程内容所阐述和概括的马克思主义理论中蕴含的实践精神，阐发马克思主义理论体系在指导中国特色社会主义建设过程中发挥的作用，从而引导学生在丰

---

① 骆郁廷.高校思想政治理论课程论[M].武汉:武汉大学出版社,2006:47.

富的实践活动中了解马克思主义的发展历程，把握马克思主义在当代中国发展的最新成果，学会运用马克思主义最新的理论成果来分析和解答现实问题。在思想政治理论课建设中，实践教学能够有效地促进马克思主义理论体系向思想政治理论课程体系的科学转化，推动课程体系全面合理地转化为教学体系，提升教学体系转化为大学生的思想政治素质和综合素质的能力。

从受教育者学习马克思主义理论的情况来看，思想政治理论课是一门理论性较强的学科课程，有着特殊性，它的特殊性体现在有着重要的实践指导意义。思想政治理论课实践教学是思想政治理论课的实践形态体现，正契合了思想政治理论课的宗旨——既要求受教育者系统地掌握马克思主义理论体系，建构起理论知识框架，又要求受教育者将课程内容内化为价值信仰，能够在实际生活中自觉遵守并践行内心的崇高信仰，所以，引领受教育者参与中国共产党人领导和推进的社会实践，感悟课程内容中所反映和概括的实践精神，是实践教学的真正宗旨。

从马克思主义科学理论体系的角度出发，它是马克思主义者对自然界、人类社会以及思维活动客观发展规律的研究成果的系统性集成，也是马克思主义者基于社会实践经验提炼的理论总结。思想政治理论课程实践教学过程，正是要求受教育者把握课程内容和与之相关实践活动的内在统一性关系，就是通过教学内容的观念形态反映相关社会实践活动包括物质生产劳动、社会关系活动以及科学实验的指导理念、实际过程及成果。实践教学能够引导受教育者体悟课程知识所内蕴的实践活动的精神实质，以实践为师，在直观、形象、生动的亲身体验中感悟马克思主义的魅力，在参与社会实践中透过纷繁复杂的客观现象认识其内在规律和本质，增强是非善恶与美丑的辨别能力。受教育者学习思想政治理论课的目的在于分析和解决中国特色社会主义建设中的政治、经济、文化等问题，教育者可以引导受教育者在鲜活生动的实践体验中运用马克思主义理论解决实际问题。反之，纯粹的理论教学难以使受教育者顺利地吸收消化，难以自由地徜徉于理论知识的"海洋"。

（二）把握理论与实际相结合教学原则的保证功能

思想政治理论课教学既是理论知识的传授过程，又是实践活动的践行过程，实现着理论武装与实践育人的统一。实践教学有效地延伸着理论课教学的空间，充实着理论课程教学的资源，更好地体现了理论与实际相结合的原则。"思想政治理论课的主要内容马克思主义理论是革命领袖对社会实践经验所作的高度概括和总结，是实践证明正确的科学理论。"①对学生而言，这属于间接的知识和经验，并没有经过亲身体验和直接感受。如果仅凭教师的理论教学，那么学生将难以完全地消化吸收，而实践教学可以在一定程度上弥补学生直接经验的不足，引领大学生从抽象的理论知识拓展至鲜活生动的实践活动，从狭小的课堂空间迈向火热的社会生活，从单一的书本转向广阔的生活世界，使他们在自觉广泛的实践活动中了解国情、认识社会主义的建设和改革实践、培养对人民群众的思想感情、坚定社会主义信仰。由此，抽象的理论与具体的实践相结合，理论教学与实践教学互为补充并形成有机结合体，使思想政治理论课能够真正地贴近实际、贴近生活、贴近学生，焕发出强大的生命力。

只有在实践中人们才能认识事物的本质和规律，一切真知来自实践。思想政治理论课堂教学是以教育者讲授为主，关注的是对受教育者在思想、政治、道德观念方面的教导，侧重于理论的理解和阐述。对于这种抽象的理论知识，教育者如果仅凭自己的经验原封不动地将之呈现给受教育者，既不联系社会现实也不联系历史，不与受教育者生活相联系，那么，受教育者难免会感到理论的枯燥乏味。唯有教育者全情投入，联系各种实际，受教育者才能够愉快地接受理论"大餐"，获取丰富的思想"营养"。实践教学可以延伸和拓展思想政治理论课理论教学空间，使抽象理论与具体实际相结合，形成互补之势，抽象的理论经过直观、生动的实践演绎，受教育者吸收消化的难题即可迎刃而解。

---

① 骆郁廷.高校思想政治理论课程论[M].武汉:武汉大学出版社,2006:178.

思想政治理论课是构建受教育者精神世界的一门学科，它需要个体全面投入参与，因此，在强调学习理论的同时更为强调培养受教育者的理想信念，要求他们在实际生活中予以践行。人的思想体系中，如若先进的理论、科学的思想未去占领，就会被落后腐朽的思想占领，实践教学能够将课堂理论知识学习与生活中实际情境联系起来，更贴近他们的实际，引发他们思想的触动，从而引导受教育者将思想、道德、政治认识转化为行为，掌握科学先进的理论体系并内化为信仰体系。实践教学不仅可以帮助受教育者认知水平和能力水平提升，还可以培养他们运用理论解决实际问题的能力。

实践教学在发挥思想政治理论课教学中理论联系实际原则的功能时，包含着以下几个层面：第一，实践教学要理论联系社会实际，即联系当代世界形势和中国现实国情，联系党的路线方针政策，联系改革开放和现代化建设实际。在课堂以及社会场域的实践活动中，教育者可以运用改革开放和现代化建设的丰富生动的实践，回答解决学生普遍关注的问题，尤其是现实问题、热点问题，它们往往是事关国家、民族生存和发展的问题，是大学生普遍关注的问题。如党政领导干部腐败问题、农民增收与农业发展问题、医疗改革问题、社会保障问题、诚信缺失问题等，教育者只要把握得好，这些尖锐的社会现实问题不但不会降低反而可以提升教学效果。第二，实践教学要联系学生的实际。"学生的具体情况往往存在这样那样的差异，不同年级、不同专业的学生自不待言，就是同一年级、同一专业甚至同一个班的学生，他们的知识水平、思想觉悟、心理状况也不尽相同。"[①]

（三）实现受教育者个体价值和社会价值双向提升的发展功能

思想政治理论课实践教学的个体发展功能主要指实践教学在塑造人的品德、促进人的发展方面所起的积极作用。马克思、恩格斯十分重视人的发展，在他们对于未来美好社会的建构中，把每个人的自由全面发

---

① 骆郁廷.高校思想政治理论课程论[M].武汉：武汉大学出版社,2006:180.

展作为未来社会发展的重要指标，认为在共产主义社会中，"根据共产主义原则组织起来的社会，将使自己的成员能够全面发挥他们的得到全面发展的才能"[①]。他们对个人的自由全面发展予以了密切关注。马克思、恩格斯把人的生存、发展及享受需要作为人的基本需要，由于他们认为资本主义社会产生的"物统治人"的现象，把个体异化为单向度、畸形的人，由此，他们十分重视人的发展。

思想政治理论课作为大学生进行思想政治教育的主要渠道，应当通过实践教学环节，组织大学生积极地参与现实生活，提升大学生的认知能力，引导他们树立崇高的理想信念，养成良好的行为规范，指引大学生在实践教育中成长成才。在思想政治理论课教学过程中，大学生通过实践体验，更能激发学习的积极性，自觉主动地认识国家的前途和命运，了解社会发展的规律，认识担负于肩的责任和使命；大学生通过参与并感悟中国特色社会主义建设实践，更能把握时代的脉搏，从社会的发展进步历程中汲取营养，以艰苦奋斗的作风、改革的精神投入社会主义建设实践中；大学生通过实践活动的多次开展，更能真正地把理论知识运用于生活实践，切实锻炼人际交往能力、应变创新能力和组织管理能力，将行为准则融入现实生活中，完成从思想认知到行为践履的转化，实现知行合一；大学生通过实践活动实现与社会的互动，有利于完成社会角色的转变，提升自己的实际工作能力，为将来择业就业和创新创业奠定基础，实现自身的个体价值和社会价值的双向提升，顺利完成社会化的过程。

社会化贯穿于人整个生命历程中，是每一个人必须面对、经历的。受教育者社会化的成功与否，直接关系到他们的成长与发展，甚至关系到他们一生的命运。受教育者思想品德素质发展就是选择与接收社会价值并将之内化为思想意识外化为行为的过程，这一过程贯穿于他们的一生，按照马克思的观点，实践是促使人完成社会化过程的必然途径。

思想政治理论课教育教学是促使个体思想道德素质得以提升的重要

[①] 马克思恩格斯选集:第1卷[M].北京:人民出版社,1995:243.

途径。从思想政治理论课教学的社会功能的角度，理论本身是指导个体社会发展的动力和力量，任何一种实践活动，如若缺乏科学理论的指导就是一种盲目的实践活动。因此，实践教学是基于理论指导下的课程教学的延伸和拓展，是有指导、有目的、有计划的实践活动，在促使个体受教育者社会价值提升的同时也可以促使其个体价值的提升。马克思主义理论是无产阶级和广大劳动人民认识和改造世界的武器，它不仅具有意识形态性还具有社会发展功能，导引着社会按人类历史发展规律发展。实践教学以实践体验的形式把握马克思主义理论内含的实践精神，将这种实践精神注入受教育者的心灵中，受教育者可以在未来的工作中发挥其精神，更好地完成社会化的过程。

（四）满足受教育者个体精神需要的享用功能

思想政治理论课实践教学的个体精神享用功能是客观存在的，它根植于思想政治教育的本质中，是思想政治教育的必然效应。马克思在《青年在选择职业时的考虑》中提出，"经验赞美那些为大多数人带来幸福的人是最幸福的人"①。

实践教学能够在受教育者主动参与实践过程中发展和完善他们的思想和行为，提升个体思想道德品质，以满足受教育者的精神需求。一个人良好的思想道德素质表现为对现实世界的把握能力，使人从内在尺度——人的是非善恶美丑观念上把握现实世界。同时，主体人良好思想道德素质表现为不断"向善"的要求，即表现为价值体系的构建。主体人的向善实践是受教育者良好的思想道德素养外化、对象化的活动，在活动过程中，人通过自己的努力创造出了一个更为美好、更为和谐、更具德性的外部世界，从这个由主体人参与创造的外部世界中，主体人会获得强烈的幸福感。

马克思主义人学理论告诉我们，人的精神活动能力的多方面发展包括了主体人创造精神财富的能力，同时也包括了人对已有社会的精神产

---

① 马克思恩格斯全集：第40卷[M].北京：人民出版社，1982：7.

品和精神财富的享受能力。受教育者要在实践教学中获得精神层面的愉悦和享受，首先需要具有感知和体验的能力，具有一颗经受教育培训而发展完善的道德心灵，从而对于实践中所获取的真、善和美等价值观念具有甄别和感受力，体验现实生活中的一切美好。因此，只有基于每一个受教育者个体不断发展和完善的德性，才能使他们认知并享受现实生活中的一切美好事物。在操作层面，实践教学可以提升思想政治理论课教育教学的文化价值。实践活动中，教育者通过挖掘高校思想政治理论课的文化内容，用人类创造的优秀文化成果丰富教学内容；教育者还可以将文化因素寓于多元化教育教学方法中，通过启发式、参与式、情感激励式等教学方法提高学生的人文素养。实践教学活动中教育者带领受教育者创建良好的校园景观，将人文内涵注入校园自然风景中，努力使校园的每一处景观都体现审美价值与教育价值的统一，增强他们对校园文化环境的认同感。教育者还可以营造健康向上的校园精神文化氛围。以大学生第二课堂活动为载体，通过开展各类社会实践活动，积极营造浓郁的校园文化氛围，丰富大学生精神世界；通过校风、学风的建设引导大学生形成正确的世界观、人生观及价值观，将社会主义核心价值观融入校园精神文化。

在实践育德层面上，思想政治教育者需要注重优秀传统文化在实践教学的经典引导功能。其一，我国优秀的传统文化中有着博大精深的伦理道德资源，蕴涵着深刻的修身处世道理，引导大学生阅读经典著作，通过开展"读书活动月""我读经典"等实践活动，涵育大学生良好人格品性，切实实现德才兼备的成长成才目标。其二，营造和谐的特色校园文化，营造丰富的校园仪式文化，把校园的重大庆典活动、纪念性会议等纳入实践教学中，提炼蕴含于这些活动中的深刻文化价值，使学生无形中接受到感染和教育；创设校园的节日文化，强调主旋律意识，将思想政治理论课实践教学融入学生喜闻乐见的节目中，达到"润物细无声"的教育效果。其三，对社会多元文化中的焦点与学生的关注点加以引导宣传。针对社会热议及引发学生广泛关注的事件，思想政治教育工作者应抓住教育时机，及时组织大学生展开讨论和思考，适时通过重大的社会热点事件、突发性事件教育大学生。通过这些途径，受教育者可以在实践体验中全身心投入，达到自我超越的境界，从中获得幸福的终极体验。

四、高校思想政治理论课实践教学的基本特征

实践教学作为课程形态的教学环节，有着特殊质的规定性。实践教学质的规定性是其根本特性及存在的依据，也是实践教学所具有的普遍地、本真地体现实践教学真正状态的属性，即教育性、参与性、社会性和组织性。我们准确把握这些特性，才能理性地审视和辨析何为思想政治理论课范畴内的实践教学环节。

（一）教育性特征

实践是作为主体的人的有目的、有意识、能动的创造性活动，其目的性不言而喻，集中性的表现就是教育性。

思想政治理论课实践教学并非流于形式的实践活动，而是有着鲜明目的性的思想政治教育活动，是社会主义性质大学教育的重要组成部分，其根本旨归在于引领受教育者在与广阔生活世界的接触中拓宽视野，加深对课堂理论知识的感悟和理解，提升发现问题、解决问题能力的同时增进对社会的认知、对国情的了解，从而培养学生对课程内容的价值认同感，并且在实践中砥砺德行，形成高尚的人格，增强对社会、对国家的责任感。

实践教学的教育性特征决定它的形式与内容，即"为什么实践""怎样实践"以及"实践什么"。也就是说，实践教学不是随意开展，而是有着特殊的要求和选择，判断的决定性因素就在于实践活动是否具有教育价值和思想价值，体现了教育性、思想性的特征。实践活动教育性首要体现是该活动在引导受教育者追求更好生活状态过程中发挥作用。

作为思想政治教育主体的人，首先是以自然生命载体的形式而存在，这是人的意义世界建构的基础。从这个角度来看，引导受教育者"学会生活"本身就是实践活动开展的要旨，以形式多样的实践活动满足受教育者的生存需要。追求崇高的德行是以个体生命物质需要的满足为前提的。因此，物质需要的满足是人性的基本要求，也是思政课实践教学发挥教育价值的首要体现。思想政治理论课实践教学活动也应该考虑到受教育者的这种诉求，引导受教育者不断提升生活质量，改善生活条件，为意义世界的建构提供物质基础。

马克思主义人学理论告诉我们，人不仅具有自然属性，还具有社会属性。人不仅是一种自然性的存在，还是一种超越性的存在，人在超越过程中不断由自然性发展为文化性。思想政治理论课实践教学教育性的体现不能够停留于人的物质需求层面，还应引领受教育者实现从功利追求到精神境界的升华，使思想政治教育范畴的实践活动成为人精神生活的一种方式，在思想政治理论课实践教学活动中构建起主体与自然、主体与社会、主体与自我的对话与交流，在生活世界中从人的精神世界出发来适应并改造外部的客观世界。主体的意义世界绝不仅仅是"物质追求"或生存，而是具有理性、智慧的更高层面的追求，从而促使主体由"现实性存在"发展为"超越性存在"，其要旨是使人不断具有社会性、文化性、思想性，帮助主体在社会性的生活中生存下去，成为具有丰富精神世界的主体。

如果实践活动不具备思想政治教育的功能，而仅仅是庸俗化、弱质化、无意义的活动，那么它可能被划入实践活动的范畴，而不能被归于严格意义上的思想政治理论课实践教学，也就是说，不具备教育意义的实践活动不能被视为思想政治理论课实践教学。

（二）参与性特征

实践教学是建立在教育意义活动基础上的以教育主体认识和改造自然、自我、社会为核心的过程，这一过程的实现要求所有教育主体在场，身体在场的同时精神在场，从而形成并确立人在教育中的主体地位，由此，实践教学活动只有在教育主体实际参加的前提下才能有效开展，参与性是思想政治理论课实践教学的最基本特征之一。

毛泽东在《实践论》中对实践问题进行了专门研究，指出："社会实际生活的一切领域都是社会的人所参加的。"[①]可见，"社会的人"的"参加"对于实践活动具有实质性意义。从发生学的角度来看，只有当"社会的人""在场"实际参加社会生活时，实践才真正地发生。在思想政治教育学科发展历程中，曾经出现过片面强调理论知识学习而忽视受教育者接触社会、参与社会实际生活的倾向，造成了受教育者"两耳不闻窗外事"，困囿于象牙塔之中背理论以致脱离实践背景、脱离社会的不良局面。由于与时代背景、社会背景、历史背景相脱节，同时缺乏亲身参与改革和建设实践的经历，受教育者对于社会发展形势缺乏正确认识，不能清晰辨明改革中出现的问题，不少受教育者政治立场上产生动摇，对马克思主义理论产生怀疑或否定态度，对中国特色社会主义产生动摇。

思想政治理论课教学内容所涵盖的或者是我国经济社会发展的重大事件或一般进程，或者是自然界、人类社会和人的思维活动的普遍规律，或者是社会生活中的价值规范或价值准则。实践教学是以实践体验的形成对思想政治理论课教学内容进行拓展和延伸。因此，以广阔的社会生活背景，以受教育者参与现实生活为内容是实践教学的应有之义。如若离开了受教育者对社会生活的亲身体验和切实参与，实践教学就失去了本真的意义，思想政治理论课的教育价值也无从追寻。实践教学的参与性特征决定了实践教学活动的开展中，应当使受教育者实际地参与到社会政治生活、经济生活和文化生活中，在体验和感受社会道德、法律现象的同时，将教材内容转化为自身的思想认识和价值信仰，在参与中实现并提升自身的主体性，完成从"自然人"向"文化人"的转化过程。

---

① 毛泽东选集:第1卷[M].北京:人民出版社,1991:283.

马克思主张把人当作主体来看待，实践教学活动视域下的主体性正是通过参与性来达成的。马克思强调"人始终是主体"，参与是使受教育者的主体性在思想政治理论课实践教学中生成和发展的关键性因素。实践教学作为思想政治理论课教学的重要组成部分，其终极价值和必然归宿在于促进人的主体性全面发展。因此，参与作为人在实践教学活动中探索、认识、肯定和发展自己的一种重要方式，作为人的需要满足和生命活动的一种特殊表现形式，是人的主体性培育的重要途径。这就决定了参与思想政治教育活动的人——无论教育者还是教育对象——的主体地位。

从思想政治理论课实践教学的价值来看，它是在其实践活动中合乎人的全面发展和社会全面进步的目的而呈现的一种肯定的意义关系，参与则是这种意义关系生成并建构的重要途径。从思想政治理论课内容与社会生活之间的关系来看，两者之间不仅仅是理解与解释的关系，更是一种社会改造的关系。只有在参与社会改造、社会生活的过程中，受教育者才能真切地认识社会，了解国情，加深对马克思主义理论和党的路线方针政策的理解。因此，思想政治理论课内容只有根植于马克思主义理论内容的实践背景，才能从高高的理论殿堂中走下，贴近受教育者的生活，引导受教育者通过参与实践获得思想的成熟和精神的成长，在亲身投入的实践中提升思想道德抉择和思维能力。

（三）社会性特征

实践是人的有意识、有目的的活动，同时也是人的历史的、社会的活动。实践教学活动的主体是人，人正是生活在社会中，因而人的实践活动具有社会性，社会性是实践教学的又一基本特征。马克思主义关于人的本质观告诉我们，人的本质是"一切社会关系的总和"，人通过实践活动和自然界、人群联系起来，实践活动使人们发生相互联系。同时，人的实践活动使人把自己同客观世界区分开来，并提升为有目的地认识世界、改造世界的主体。这一过程赋予了人主体性，也赋予人的实践活动以社会性。

实践教学的社会性和参与性是紧密相连的。思想政治理论课实践教学的社会性主要指受教育者参与活动必须在社会实际生活中开展，这不仅要求受教育者积极主动地投身于社会生活，还要求受教育者在体验社会生活中认识、理解并变革一定的社会关系，或在社会生活的广阔背景下参与实践活动，从而探求思想政治教育的价值。

从教育哲学的视角中审视思想政治理论课实践教学，受教育者处于校园的场域中，更为根本的是处于社会的大场域中，他们是鲜活的生命个体，也是具体的人，历史的人。任何一个具体、现实的人都存在于具体、现实的社会中，存在于具体、现实的社会关系中。要把握实践教学的根本特性，就应当遵循普遍联系的原理要求，把受教育者的实践活动放置于整个社会大背景下，而不能孤立、静止地从校园生活视域下看待受教育者的实践活动，必须放在纷繁复杂的社会关系中来理解，从受教育者与其他社会关系的普遍联系中把握其本质。实践教学活动不仅要求受教育者在校园中形成"生生""生师""师师"的关系，还要求受教育者在社会生活中与他人结成并变革一定的社会关系，在认识社会的同时完成改造社会、改造自身的使命。

实践教学的教育性、参与性和社会性并不是相互独立、自成一体的特征表现，而是实践教学运行过程中的不同层面，这些特征会在同一实践教学活动中同时展现。在思想政治教育领域，受教育者以社会生活为中介，以形式多样的实践活动为载体，通过交往互动在社会场域中与其他社会成员建立社会关系，完成领悟生命内涵、规范意志行为、传递文化理念等过程。

思想政治理论课实践教学既是课程形态的教学活动也是与社会背景相连的实践活动。这就启示我们，思想政治理论课实践教学无法脱离繁杂的社会关系，脱离社会现实而闭门造车。要理解他人与历史，理解社会当前的政治、经济情况，就不得不引导受教育者投身社会、参与交往。马克思关于人的本质观也说明了在社会交往中人才能获得主体地位，获得人之为人的质的规定性，而这一切的实现就要求实践教学努力解答和分析受教育者关注的国内外社会热点、焦点问题和受教育者自身存在的各种实际思想问题，批驳形形色色错误的社会思潮。把握实践教学的社会性，关注社会现实，是思想政治理论课实践教学永恒的主题。

（四）组织性特征

思想政治理论课实践教学的教育性特征决定了组织性也是其基本特征之一。组织性不仅是实践教学的基本特征，还是其基本要求。实践教学是有着明确教育目标的教育教学活动，组织性既是实践教学目标的体现，也是实践活动开展的要求。因此，实践教学活动目标的安排、实施和反馈等都不是纯粹的个人化行为，而是有计划、有组织的活动，为了实现教学目标，实践活动有着严格的管理和组织机制。

思想政治理论课实践教学的组织者分为宏观和微观两个层面。从宏观层面来看，学校是实践教学的规划、安排和统筹者，思想政治理论课教师是直接执行和组织者。学校应有良好的全局意识，将实践教学纳入学校教育教学大纲和整体性规划中，并制定考核评价体系。当前，一些高校的思想政治理论课实践教学效果不佳，甚至投入了大量人力、物力和财力，却没有收到很好的实施效果，这与组织安排的实效性缺失有很大关联。核心问题在于如何将思想政治理论课实践教学纳入教育教学大纲，建立一整套完备的管理组织体制，从而将思想政治理论课实践教学与相关部门组织的大学生社会实践活动区分开来。从低成本化、常态化以及可持续发展的层面，学校应当高度重视实践教学基地的建设，这是实践教学有效进行的重要载体。学校应当提供一定的经费，将其纳入思想政治理论课实践教学的经费预算，并建立相应的经费管理制度。

从微观层面来看，实践教学作为一种特殊的教育教学活动，比理论教学有着更高的要求，需要以实践的形式将课程内容呈现出来，要严格组织、精心计划，这就要求思想政治理论课教师具备高超的教学驾驭能力，对马克思主义理论的理解能力以及对实践活动的组织策划能力，在实践教学具体环节的管理与组织上下大功夫，包括实践教学内容的选择、实践教学目标的制定、实践教学方法的选择与创新、实践教学基地的建设、实践教学测评体系的建构与完善、受教育者人身安全的保障等方面。

总而言之，思想政治理论课实践教学作为一种特殊的实践活动，既具有实践活动的一般特性，又具有思想政治理论课的特殊的质的规定性。按照马克思主义人学理论、马克思主义关于实践的基本观点及以"05方案"为代表的中央文件精神，思想政治理论课实践教学质的规定性体现在其教育性、参与性以及社会性、组织性中。其中，实践教学的教育性体现了实践活动的意识形态制约性，思想政治理论课教师是作为一定社会需要代表进行教学活动的，受到思想政治理论课程教育目的的制约；实践活动离不开人的交往，没有受教育者的主动参与，实践教学难以开展；社会生活作为实践教学活动的广阔背景，决定了它不可能脱离社会现实而进行实践；实践教学要取得实效，有计划的组织管理体制的建构是根本的保障性因素。

第二节 传统高校思想政治理论课实践教学的困境

大数据是数据对象、数据处理技术与数据应用的有机结合，具有数据信息量庞大、数据形态多样、数据处理快速等特点。大数据在思想政治理论课实践教学中的运用对传统思想政治理论课实践教学形成了巨大冲击。大数据的开放性、自主性、交互性、即时性、便利性等特点，使得传统实践教学在教学主体、教学内容、考核机制等方面陷入了困境。

一、高校思想政治理论课实践教学思维陈旧

21世纪以来大数据方兴未艾，正逐渐渗透到教育领域，引起教育理

念的深刻变革。

在长年累月的教学活动中，有些思想政治理论课教师会有意识地分析学生的理论能力、学习偏好、行为方式和价值取向等信息，用于指导教学活动。这种获取教学信息的方式，受到教师个人知识结构、教学能力、教学经验等因素的影响，结果往往带有一定程度的主观色彩，缺乏客观的数据支撑，因而，仅能作为个人教学决策的参考数据，很难大范围复制推广。

为了增强信息收集的准确性，思想政治理论课教师也会采取问卷调查的方式，收集有关学生学习兴趣、阅读习惯、课外活动的信息以及他们对思想政治理论课实践教学的反馈意见。这种样本数据调查结果有其合理性的一面，但是调查结果只代表一部分学生的意见，不能完全涵盖全部学生的真实意见，具有一定的局限性。

无论是依靠教学经验还是运用数据抽样方式获取教学数据，都存在一个共同的弊端：容易忽视数据的广泛性、流动性和变化性等主要特征。所以，上述两种方式无法为教学决策提供科学依据，更无法回应大数据对教育的挑战。

二、高校思想政治理论课实践教学实现形式受限

（一）活动经费短缺制约实践教学实现形式

教育部要求各高校在财政允许的情况下都应设立思想政治理论课专项资金，专款专用，保障思想政治理论课教学和实践活动的正常开展。实际上，思想政治理论课专项资金从设立到使用，存在诸多不规范的情况。

在思想政治理论课经费不足的情况下，主要资源都流向了思想政治理论课堂教学部分，留给实践教学的资金如"杯水车薪"。在资金有限的情况下，期待思想政治理论课实践教学活动覆盖到每个学生，且形式

多样、有声有色、效果显著，确实存在很大难度。资金短缺和来源单一，直接影响到思想政治理论课实践教学实现方式的扩展，在一定程度上制约思想政治理论课教学的实效性。

（二）课堂规模过大限制实践教学实现形式

高校思想政治理论课一般采取合班授课方式，实践教学也大都合班开展活动。虽然教育部有关文件明确规定高校思想政治理论课合班人数不得超过100人，但是迫于师资短缺、财政紧张和教学场所有限的客观现实，很多高校思想政治理论课合班人数超过文件规定。在人数众多的情况下，开展覆盖全员的集中实践教学活动确实面临一定的挑战。

（三）"一刀切"实践教学影响课程教学效果

在传统数据时代，由于信息闭塞，获得信息的渠道有限，教师成为知识传授中不容置疑的权威。教师在教学活动中牢牢控制着主动权和话语权，"学什么"和"怎么学"，都由教师决定。一些高校惯常的做法就是组织学生就近参观博物馆、纪念馆或者其他爱国主义教育基地等，作为实践活动的一种形式；有些高校要求学生利用寒暑假进行社会实践考察并完成调查报告。这一类的调查实践活动，由于缺乏有效的过程指导，实践效果并不理想。另外，为节约成本，许多高校思想政治理论课实践活动也会与专业课实践活动结合，但是在对实践结果考查方面偏重知识、技能的考查，缺乏对情感和思想价值的评估。

无论是参观、调查还是跨专业实践活动，学生在实践活动主题的设计中都缺少参与机会，导致在实施实践方案时师生之间缺乏有效互动。这种"一刀切"的实践方案不仅打击了学生的参与热情，也减弱了实践教学的效果。

（四）个性教育发展消解传统的集体实践教学模式

传统实践教学模式通常采用集体教学方式，旨在将课堂上讲授的理论知识与实际情况相结合。然而，长期以来，这种教学方式并未得到充分重视，教师通常承担繁重的教学任务，忽略了不同年级学生之间的个体差异，忽视学生在思想道德、心理健康、文化背景和社会经历等方面的差异。教师在实践教学内容、方法和评估方面往往采取一刀切的集体实践教学方式，导致实践教学缺乏针对性，限制了其实效性。

高校思想政治理论课实践教学的教育目标是促进学生个体的全面发展。在大数据时代，借助数据分析工具可以更准确地了解学生的思想动态和行为方式，从而有针对性地进行个性化教学。教师可以建立动态信息数据库，捕获和分析不同学生个体的思想、兴趣、社会关注点以及学习能力等信息。基于数据反映的学生个体特点，教师可以实施有针对性的实践教学，推动学生个性化教育发展，消除传统集体实践教学的弊端，提升实践教学的实效性。

三、学生主体地位凸显弱化教师主体"在场"

传统的思想政治理论课教学模式基本上是灌输式的理论教学，抹杀学生学习的主体性、主动性和创造性。它以教材为中心，以教师为主体，以课堂为平台，主要通过教师的单向讲授来完成指定的教学任务，学生通常是被动学习知识。

而在思想政治理论课的实践教学环节中，学生应主动参与实践过程，在实践中通过自己的认知图式来诠释、选择和吸收教师所讲授的理论知识，启迪思想、坚定信念。然而，在当前实践教学中存在着不同程度的教师主体"在场"而学生主体"空场"、学生主体性被遮蔽的现象。教师主导实践教学过程，掌控着活动的主动权，而学生则处于被动接受的地位，未能更好地主动参与到实践活动中，导致活动目标不明确，无法达到预期效果。

在大数据时代背景下，智能手机、互联网、云计算、智能终端的普遍使用，以及各种网络资源的开放性、平等性、共享性、灵活性，凸显了学生主体性，进一步削弱了教师主体"在场"，弱化了思想政治理论课教师的主导地位。学生可以与教师平等地享有大数据信息，通过大数据相关平台挖掘自身所需的数据资源，借助数据处理技术，处理海量的多样化信息资产，形成独特观点，甚至质疑教师指导实践活动中所讲授的内容。大数据消解了教师的权威意识，强化了学生主体"在场"地位，增强了学生的主体话语权，提升了学生获取信息资源的主动性。

四、海量的信息资源加大了实践教学内容的挖掘难度

实践教学内容主要是将思想政治理论课中的马克思主义理论知识应用到社会实践中，以深化和丰富课程内容，提升学生的理论素养和实践能力。然而，在大数据时代，海量信息资源的存在给思想政治理论课的实践教学带来了挑战，增加了对实践教学内容筛选和处理的难度。

学生作为实践教学的主体，虽然具有较高的文化素质，但缺乏足够的社会经验，使得其对各类信息的获取能力较低，辨识能力不强。面对庞大的信息资源，学生往往感到选择困难。因此，如何从海量的信息资源中挖掘出社会各领域热点事件和问题信息，并将其与思想政治理论课的实践教学内容相结合，整合社会各方面的有效资源引入教学，扩充教学素材，丰富思想政治理论课的教学资源，以使教学内容紧跟时代步伐、更具实效性，成为师生在思想政治理论课实践教学中面临的重要难题。

五、大数据挖掘与分析技术挑战传统的实践教学考核机制

实践教学中，考核是评价学生思想政治理论课实践效果的重要环节。传统考核以事后评价为主，缺乏对学生在实践过程中思想和行为的及时、具体、有效帮助。此外，缺乏统一量化的科学考核指标体系或参照依据，缺乏系统性和规范性。针对这些问题，基于大数据理念的实践

教学考核提出了新挑战和改进方向。通过建构云平台在线考核测评系统，结合大数据技术，可以快速准确地完成实践教学结果评测与反馈，为师生提供科学的决策信息，从而改进实践教学工作方案，提高实效性。同时，大数据技术的运用使得考核评价体系更加公开、透明和规范，增强了实践教学的效能。这一新方法突破了传统实践教学考核的弊端，为教育教学工作带来了新的发展机遇。

第三节　大数据时代高校思想政治理论课实践教学创新的途径

实践教学的内在固有属性要求其必须紧随时代发展潮流，利用学科交叉融合创新学科发展理念。"大数据不仅是一种技术、一种工具，更是一门先进的科学。"[①]有了大数据的支撑，教师可以非常便捷地获取丰富的教学资源，了解和分析不同学生在实践过程中不同阶段的实践成果，掌握学生在整个实践过程中行为、情感、价值导向等方面的动态表现。根据这些精准的数据分析，教师可以对学生进行有针对性的知识指导和价值观引导。将大数据理念和方法融入高校思政课实践教学中，不仅改变了高校思政课实践教学思维模式，创新了思想政治理论课实践教学建设新路径，同时也推动了实践教学实现形式和评估方式创新，提升思想政治理论课实践教学的实效性。

一、依托大数据挖掘，激活思政课实践教学思路

（一）基于精准的大数据分析，重塑新型师生关系

首先，需重新定义师生角色定位：师生关系由不对等的命令服从转

---

① 赵浚.大数据创新高校思想政治教育方法的探析与应用[J].贵州社会科学,2016(3):121.

变为平等的独立个体间的交流与对话；沟通内容从知识传授拓展到包括知识、情感、价值等方面的密切交流；实践活动设计和评估由教师主导改为师生共同参与。这样学生能成为自主学习、自我管理的主体，教师则成为实践活动的协调者和价值观的引导者。

其次，在大数据时代，信息交流媒介如微信、微博为师生快速有效沟通提供可能，促进关系发展；教师通过数据挖掘学生信息，了解其学习、思想、生活动向，并提供针对性建议，引导其情感与价值观。

最后，多元化信息获取渠道使课堂不再是唯一的获取知识的途径。教师应利用大数据根据学生结构、偏好和兴趣，担任引导者角色，启发学生以各种方式获取知识，开展实践活动，促进学生成长发展。

（二）贯彻差异化教育理念，实施个性化教育

个性化教育是尊重每个个体的独特性，认可学习过程中个人因素的不同而导致学习效果和表现差异。在实践教学中，教师应充分了解学生的个性特征、实践技能和合作能力，灵活激发学生学习主动性，结合学生兴趣和需求进行差异化指导。通过收集和分析海量教育数据，教师可以更好地了解学生，并提供个性化教育支持。

为提高实践教学科学性，引入大数据需要考虑以下几点：首先，设计思想政治理论课实践主题时要给学生更多选择空间；其次，实践方式需体现学生兴趣和能力差异；最后，在尊重个人差异和创新潜能的基础上，激发学生表达和创新欲望。

大数据为实施个性化教育奠定基础。教师应倾听学生意见，重视情感，欣赏学生优点，宽容缺点，维护学生尊严和兴趣，相信学生的选择和决定。这样的做法有助于建立积极的师生互动，促进个性化教育的有效实施。

二、利用大数据理念，丰富实践教学形式

在实践教学中贯彻差异化教育理念、实施个性化教育离不开大数据，尤其是对大数据进行有价值的分析。学生在感应器和数据处理器上留下的数据痕迹，与互联网实现信息交互产生大数据。教师通过专业技术手段对大数据进行全面分析，可以了解每一个学生的生活习惯、行为规律、思想倾向、兴趣爱好等方面的信息。在充分占有大量有价值的教学信息之后，教师在实践教学主题设计、实践方案实施和结果评价等方面会更多地考虑到学生的需要和偏好，为学生全面参与到实践活动留足行动自由和想象空间。

（一）尊重个性差异，赋予学生个性化选题的自由

发挥大数据优势，倡导在同一实践主题下，赋予学生选题的自由。教师在设计实践主题时，本着开放、参与、共享的精神，鼓励学生参与到实践主题的设计，给予学生充分表达见解的机会，听取学生的意见和建议，确定能包容学生不同创见的开放性主题，赋予学生自由选题的机会，鼓励学生制定个性化实践方案，允许学生采取不同的实践方法和实践形式，允许学生在实践过程中不断修正和调整实践方案。在自由、宽松、愉快的实践氛围中，个性化实践方案可以激发学生参与实践活动的兴趣，调动学生参与实践活动的主动性，提高学生实践能力和创造能力。

随着学生实践活动的渐次开展，不断产生新的数据，教师可以基于数据分析了解学习过程的发生机制，并用来优化学习，以基于学习行为数据的分析为学习者推荐学习轨迹，开展适应性学习、自我导向学习。在实践过程中，教师针对每个学生的个性化方案给予最具针对性的指导，凸显实施差异化教育的特点，提出优化实践过程、改进实践途径的建设性意见，引导学生深化实践活动，以便提升实践活动的总体质量。

（二）依托大数据，拓展实践教学资源

大数据时代，在实践活动中，师生要因地、因时制宜，充分发掘学校、企事业单位和社会团体所潜藏的人力、物力、财力、信息等资源，充分拓展学生实践活动空间。依托思想政治理论课在线教学，来自不同区域、不同学校、不同专业的学生可以实现实时同步学习，在虚拟网络学习环境中"共聚一堂"。同时，基于分工合作理念，利用互联网社交工具，跨专业、跨校际、跨区域实践活动者可以及时分享资源，有效处理信息，相互鼓励，共同进步。

（三）倡导个性化教育，赋予学生展示实践成果的自由

贯彻差异化理念，倡导个性化教育，教师要坚信学生在实践过程中能够进行自我学习、自我管理、自我教导，能够为自己的实践活动承担责任。所以，出于尊重学生个性差异和欣赏他们独具匠心创造力的考虑，教师要给学生以不同形式展示实践成果的自由。根据学生使用数据媒介的习惯和留存的数据信息，可以分析学生对实践方式的偏好性。在实践成果展示环节，教师可以鼓励学生根据各自学习习惯和对新媒体技术掌握情况，开展不同形式的实践活动。同时实践教学实现形式的多样性也决定了实践教学成果呈现方式的多元化。

（四）应用个性化数据，塑造差异性实践教学模式

思想政治理论课实践教学的目标是对受教育主体进行个性化因材施教的培养。传统数据的应用主要对实践教学的宏观状况进行大致的分析，从而做出相应的决策。而大数据技术可以对实践教学的微观主体进行个性化的系统分析，因而能够做出有效的个性化的教育对策，实现个性化教学。学生主体在性别、年龄、年级、专业、性格等方面存在个性化差异，在学习思想政治理论课实践教学内容的意愿和能力上也不同。大数据使用过程性的信息采集技术，能够关照到每个学生在实践教学过

程中的具体微观行为。教师可以利用网络信息技术收集学生学习资源信息、学习进展情况、互动教学平台等个性化信息，对获取的数据进行整理、采编、统计、分析，剖析学生思想行为的个性化特征，设计个性化学习方式，指导学生的自我学习与个性化发展，因人而异，因材施教，差异性选择实践教学方式。

（五）缓解实践教学困境，打造虚拟实践教学新形式

大数据时代，虚拟实践教学成为高校思想政治理论课实践教学的新形式，借助开放的新媒体平台，建构自由平等的互动模式，通过方便快捷的信息传输、惟妙惟肖的情境展示来实现数据环境与思想政治理论课实践教学的紧密融合，促进实践教学的有效开展。将技术层面的数字化建设与精神价值建构相结合开展虚拟实践教学，以马克思主义意识形态数据库的建设和管理为技术平台，建立灵活便捷、丰富多样、不受时空局限的实践教学资源数据库。相比传统思想政治理论课实践教学，虚拟实践教学最大的特点在于它的虚拟性，将实践教学活动从现实生活世界拓展至虚拟空间领域，突破了传统实践教学的时空限制，增强了学生的主体性意识。

三、运用海量信息，拓宽实践教学内容资源

教学内容的高效性很大程度上取决于教学资源的丰富性和新颖性。在大数据时代，海量信息的运用能够拓宽实践教学的深度和广度，提升实践教学的实效性。5G 网络时代的到来，数据信息急剧增长，社会信息呈现出海量性的特点，运用大数据技术对海量的信息进行收集、筛选、分析，将选取的有效信息融入思想政治理论课实践教学中，增加实践教学资源，丰富实践教学内容，从而提高学生参与的积极性和主动性，增强实践教学的实效性。

四、利用大数据分析，建立动态化多维度评价体系

（一）动态评价与静态评价相结合

在传统的思想政治理论课实践教学中一般采用以结果为导向的静态评价。随着大数据技术融入思想政治理论课实践教学中，学生可以根据实践教学方案，借助新媒体技术，随时更新个人的实践动态。这极大方便了教师随时了解和掌握学生实践进度，根据其知识、能力、情感等方面表现给予动态的评价。这是大数据时代思想政治理论课实践教学在评估方式上的重大进步。

（二）知识评价与价值评价相结合

评价的主要目的应该是引导和促进评价对象更好地发展。高校思想政治理论课的特殊性决定其教学功能的双重性，即思想政治理论课教学既有理论认知功能，又有政治导向功能。因此，大数据时代，在实践教学活动中，知识评价不只评价学生对具体理论知识点的识记、理解和运用，更要评价学生利用大数据获取新知识、新技能和新见解的能力。

（三）学生自我评价与学生相互评价相结合

教师与学生是教学活动的主要参与者，同样也是教学评价的重要主体。然而，一直以来，教师是教学实践评价的主导者。在传统教师评价教学活动的基础上，引入学生自我评价和学生互相评价，丰富评价主体，有利于从"教"与"学"的不同视角，汇聚评价意见，有利于评价结果的客观性、公正性和合理性。

学生自我评价是指学生根据一定的标准，对自己的学习进行分析和判断，并进行自我调节的活动。自我评价具有动态性，是一种形成性评价。根据思想政治理论课实践方案，学生可以通过对比实践计划和实践

进度、实践目标和实践成果，就知识、能力、价值等考核项进行自我评价。学生要成为自主的终身学习者，需要有机会管理自己的学习和实践，并评价自己的成就。

在思政课实践教学中，培养学生学习的主体性必须重视自我评价。自我评价是学生进行自我教育和自我管理的体现，而学生之间的互相评价不仅有助于情感交流，也能够促进学生之间的相互学习。通过评价过程，学生可以发现他人的优点，欣赏别人的创新观点，相互启发、激励，共同成长。

五、掌握大数据分析技能，提升实践教学师资素养

在大数据时代，思想政治教育工作者应当树立大数据思维，学习大数据技术，提高自身的信息素养和运用大数据的能力。教师作为实践教学活动的组织者和执行者，在师生关系中扮演着主导角色，对实践教学效果至关重要。因此，高素质的思政课实践教学师资力量是增强实践教学实效性的重要保障。大数据时代对实践教学教师素养提出更高要求，教师需要掌握现代教育技术的操作能力，具备收集、分析、整理教学内容资源和教学对象信息数据等技能，并灵活运用大数据信息于实践教学中。教师应当成为既懂得专业理论知识又擅长大数据信息挖掘与分析的专业人才，以更好地将大数据整理分析技术应用于高校思想政治理论课实践教学中。教师主体要更新教学理念，使实践教学紧跟时代步伐，有效应对大数据挑战。学校应当培养教师学会数据管理，利用数据库提出解决实践教学问题的方案，并从大数据中找到合适方法来提升实践教学效果。

第七章　大数据时代高校思想政治理论课教学评价的改革与创新

　　随着物联网、人工智能、云计算等信息技术的飞速发展，大数据成为最重要的时代标志。大数据不仅给社会发展带来了新的技术手段和方法，而且改变了人们的生活环境和思维方式。在国家大数据战略背景下，大数据技术在高校思想政治教育领域的应用是顺应时代发展趋势之必然选择。评价作为高校思想政治教育的必然环节，应用大数据技术更是其破解评价困境、实现评价功能的重要路径，是高校思想政治教育价值实现的内在要求。大数据又是一柄双刃剑，在为高校思想政治教育评价创新发展带来契机的同时，也伴随着一系列的风险挑战。这要求我们深入剖析当前高校思想政治教育评价的现状及其根源，探讨大数据如何扬优抑弊以助力高校思想政治教育评价功能的发挥。

第一节　高校思想政治理论课教学评价相关的基本概念

一、高校思想政治理论课教学评价

（一）教学评价

评价，原意是以一定的标准对事物做出价值判断。通过评价，人们

大数据时代高校思想政治理论课教学改革与创新研究

依据一定的价值尺度，认识并改造客观世界，从而达到一定的评价目的。教育活动在本质上是一种具有价值意义的社会实践活动，自然离不开评价。其中，教学评价属于教育评价中的一个重要环节，是对课程教学过程进行评价。所谓教学评价，一般是指依据规定的教学评价标准，对教学过程中的教学效果给予检测和考核，通过客观衡量和科学判定为教学质量的提升提供信息和依据的系统过程。在整个教学评价过程中，评价的重要对象是教与学相互碰撞的全部教学活动过程以及产生的所有教学结果，这种教学过程与教学评价相统一的现象，正是现代教学评价的一个基本环节。一般来说，教学评价在宏观上是针对整个教学的评价，在微观上既体现为对教学基础硬件的评估，还包括对教学氛围等的微观评价，既包含对教育者的评价，还包含对教育对象的评价，只有这种蕴含了评价标准、评价主体、评价指标、评价结果等完整步骤的教学评价，才能更加全面地综合、客观地评估教学效果。

（二）高校教学评价的原则

教学评价应遵循以下两个原则。

1.公平公正原则

在对教学质量进行评价时，需考虑全面，确保评价过程和评价结果的公平公正。第一，对于高校地理位置和经济发展情况等条件差别需加以重视，以各高校间具有共性的评价标准进行评价。第二，因各高校的管理方式各有不同，因此针对教学质量的评价应坚持在符合国家政策要求的前提下，参照各高校的办学特色进行。第三，由于个体间存在不同程度的优势和劣势，因此在对教师教学工作进行评价时，应注重从多个方面针对其综合实力进行评价，切忌以偏概全。第四，不应偏重教学过程和教学结果中的任意一面，而应该综合考量。最后，学生对教学知识的掌握情况应综合课堂表现、考试成绩、实践能力等多个方面进行评价，以确保评价的公平公正性。

2.效率与实用并重原则

现代社会的高节奏对任何工作的开展都提出了高效率与实用性并重的要求，在大力提倡建设节约型社会的今天，只有这样才能充分利用有限的资源获得最大的价值。鉴于此，教学质量评价过程也应从简戒繁。教学评价应努力做到简明扼要、针对性强、评价科学，以达到形式简洁与效用最大化并存。这就要求在评价过程中所确定的评价对象是建立在重要与科学的基础上的，只有这样才能既达到评价目的，又实现评价效率，从而达到最好的评价效果。

（三）高校思想政治理论课教学评价

思想政治理论课教学评价是指政府教育行政部门、教育科研机构及高等学校等根据党和国家的教育方针和教育目标，按照促进学生全面发展的教育规律，通过系统的信息收集、判断、分析等，有计划、有组织地运用科学手段、形式和方法对教学管理、教材建设、教学内容、教学方法、教学设施、教师、学生等方面的现状以及教学活动效果做出价值判断，以保证教学目标实现并为思想政治理论课教育教学改革提供依据的过程①。这种对高校思想政治理论课课堂教学进行的科学评价是一种对高校大学生思想政治素质的度量与评价，是一种对当前思想政治教育教学活动实效性的检查与总结。这种科学的教学评价可以为思想政治理论课教学质量的提升提供依据，还能促进思想政治理论课教学效果的外化。

（四）高校思想政治理论课教学评价指标体系

1.评价指标

指标在《现代汉语词典》中解释为"计划中规定达到的目标"。将指标引入评价学领域旨在将具有原则性、概括性和抽象性特征的目标层层分解，分解为一些具有具体化、行为化和可操作的诸多子目标，通过

---

① 侯光文.教育评价概论[M].石家庄:河北教育出版社,1996:55.

评定这些子目标来反映具体的评价内容。在这一点上，也有学者认为指标是一种具体的、可测量的、行为化的评价准则，是根据可测量或可观察的要求而确定的评价内容。它用外在的行为表现内在的思想，用具体的项目来反映抽象的内容。而所谓的评价指标就是上文中指出的以评价目标为中心进行的目标分解，是那些能够反映评价对象的主要因素。

2.评价指标体系

评价指标体系是在对一项工作的实施过程和实施结果进行的一种有目的性、有指向性的测量基础上产生的，在《教育大辞典》中，所谓评价指标体系是由一系列反映被评价对象目标的、相互联系的指标构成的有机整体。一般来说，一个评价指标体系是一个层次分明的指标集合，这个集合需要准确回答"评价什么""如何评价""评价程度"三个核心问题。因此，一个完整的评价指标体系包含评价指标、评价标准和指标权重三部分。所谓评价指标是评价对象本质属性与特征的具体反映，在设置中可以对评价的各个维度进行界定，将评价内容逐层分解，使指标间具有一定的层级关系，如零级指标、一级指标、二级指标、三级指标等；而评价标准是在评价指标产生之前就存在的，虽然不存在绝对统一的评价标准，但由于对某一事物的评价目标和评价期望在很大程度上具有一定的共性，所以在评价标准的确定上就存在一些共性的内容；指标权重是按统计学原理反映了各主要指标间的联系性和各个指标在评价指标体系中所起的作用和价值，以便对评价对象做出综合的数量化评定。

3.高校思想政治理论课教学评价指标体系

高校思想政治理论课教学评价指标体系就是高校和教育机构围绕高校思想政治理论课教学的目标和任务，逐级进行分解至具体的评价指标，是由许多个相互联系的指标所组成的统一整体。在思想政治理论课教学评价指标体系的构建问题上，有学者认为要在教师教学指导思想、教学态度、教学内容、教学方法、教学效果以及教学评价这六个方面与教师和学生这两个教学主体的紧密联系中展开。也有学者将教师作为高校思想政治理论课教学评价的内容，将教师教学分解为教学态度、教学内容、教学方法与手段、教学效果四个维度。还有学者进行了指标分级，并对评价结果设立优、良、中、差四个等级。上面专家的观点都具有可取之处，但是我们也要深刻地认识到教学设计、教学管理等方面内容在思想政治理论课教学评价中的重要作用，因此，高校思想政治理论课教学评价指标体系的内容应该涉及教学内容、教学组织、教学效果、教学管理、教学研究与成果、教学创新与特色六方面。

二、高校思想政治理论课教学评价指标体系构建的功能及主要特点

深刻分析和认识高校思想政治理论课教学评价的功能和特点，是构建高校思想政治理论课教学评价指标体系的前提和基础。

（一）主要功能

教学评价是通过设置一套科学的评价指标体系，旨在对高校教学情况形成比较全面、客观的认识。一般来说，高校思想政治理论课教学评价活动同样符合一般性的教学活动所固有的导向、鉴别与选择、反馈、咨询决策、强化、竞争等功能。但思想政治理论课教学是由思想政治教育学科性质所决定的，教学评价指标体系的构建旨在实现以下主要功能。

1.引导与规范

评价指标体系的构建全面、客观、科学地反映了评价客体的本质和内在联系，是由对评价客体总体性认识转化为更深入的局部认识的过程，整个过程也很好地体现了各项指标的权重，从而获得对思想政治理论课教学评价的一致认识，并最终构建出一套科学、合理的评价指标体系。从人类的具体实践活动看，评价活动是更接近实践活动的认识活动，具有明显的导向作用。具体到思想政治理论课教学实践中我们可以看到，思想政治教育评价的核心是其价值的实现，这种价值的导向功能

一方面体现为引导大学生树立正确的价值观，更好地促进和激励大学生成长和发展；另一方面这种在实践中的强烈导向作用，也成为课程教学改革的突破口。同时，有了系统的指标体系的运作，高校思想政治课教学活动自然就有了评价标准和改进方向。高校思想政治课教学的评价不是为评价而评价，它是以教学成果为准的、为获得更高教学质量而服务的一种工具，通过评价获得评价结果，再依据结果中出现的问题发现本质，从而进一步提高高校思想政治理论课教学的效果和质量。

2. 反馈与改进

"评价作为一种反馈—矫正系统，用于在教学过程中的每一步骤上判断该过程是否有效；如果无效，必须及时采取什么变革，以确保过程的有效性。"[①]在高校思想政治理论课的教学评价中，反馈与改进功能是通过对高校思想政治理论课教学效果进行诊断，从而掌握当前高校思想政治理论课教学的实际情况，并与预期教学目标进行对比，以更好改进高校思想政治理论课教学实效性。这是高校思想政治理论课教学评价指标体系的基础功能。及时的信息反馈功能可以帮助教师掌握学生的学习情况和在学习中存在的问题，并进一步总结出自身教学的优势和劣势，从而改进和调整自身的教学策略和教学方式。高校思想政治理论课教学评价指标体系是一个由若干指标综合组成的指标集合，各个细小指标划分和考察都有助于实现教学目标。

3. 激励与鞭策

任何一种评价都包含着对于评价对象本身价值的一种挖掘判断，这里的价值是一种多元的价值，这里的评价不仅体现为一种外部的督促和控制，更多的是一个组织或个人对某些行为的审视，这种不断的反省恰恰成为激励力量产生的源泉。有学者指出教育评价是为教育而进行的评价，也就是说将人的发展作为教学评价的目的。思想政治理论课的教学评价，是在尊重教师教学的创造性劳动价值的前提下开展的，可以有效激发思想政治理论课教师教学的积极性、主动性和创造性；思想政治理

---

① B.S.布卢姆,等.教育评价[M].邱渊,等译.上海:华东师范大学出版社,1987:5.

论课教学评价中对学生学习的评价，体现了以人为本的基本价值观，这种关注学生需要，为了学生的成长成才而进行的教学评价自然可以激发学生学习的积极性，从而促使学生进步。

（二）主要特点

高校思想政治理论课教学关系着学生的思想品德发展、马克思主义理论中国化的进程和我国社会主义伟大建设等根本问题。针对高校思想政治理论课教学而构建的教学评价指标体系同样与时俱进，越来越多地转向对教学的过程性评价和对学生的发展性评价。因此，与其他相关学科的教学评价相比，高校思想政治理论课教学评价具有自身的内在鲜明特点。

1.在价值选择上具有鲜明的政治性

政治性是高校思想政治教育本质属性的自然延伸，这种延伸自然体现在思想政治理论课教学中。我们都知道思想政治理论课作为思想政治教育的主渠道，其主要目的就是帮助学生掌握马克思主义理论，引导学生正确运用马克思主义理论的相关内容解决我国社会主义建设中出现的实际问题。从这个角度讲，思想政治理论课教学评价中意识形态问题则居于首位，需要与当前的社会主义核心价值观契合，要既能反映社会发展对大学生的发展要求，也与大学生的成长成才需求相契合。在教学评价的内容上，自然也要更注重考查教师对马克思主义理论和社会主导政治思想的传播能力，以及学生对于马克思主义理论的应用能力和思想品德的发展状况，这些考察都是对学生政治能力的一种检查。总之，在高校思想政治理论课教学评价过程中，一个贯穿始终的评价标准就是鲜明的政治性和坚定的思想性，就是始终坚持正确的政治方向，始终与党和国家的思想理论体系和路线方针政策的指向相一致。

2.在评价对象上具有一定的针对性

高校思想政治理论课教学评价在评价对象上具有一定的针对性。思想政治理论课教学评价主要目的就是评价马克思主义理论相关内容教育的实际效果，仅仅是对思想政治理论课教学活动这一单一因素对个体品德发展影响的评价，这就需要排除可能影响思想品德教学与效果的其他相关因素，唯有如此才能更加客观、真实地反映思想政治理论课教学对学生思想品德发展的价值、功能和作用；另一方面，教学评价对于思想政治理论课这门课的建设、改革和发展具有导向和推动作用，可以有效增强课程的吸引力、感染力和实效性。因此，虽然教学评价的范围包含对教师、学生、课程、教材等的评价，但仍应该将教师的教学活动、学生的学习活动作为教学评价的核心内容。这是因为，所有思想政治理论课教学评价可能蕴含的评价对象都是以教师及教师进行的教学活动、学生及学生的学习活动为中心环节相互连接起来的，整个教学过程就是教师与学生之间的互动过程。因此，评价对象是与所有教学环节息息相关，且需要具有一定针对性的。

3.在评价目标上具有高度的复合性

高校思想政治理论课教学评价目标的复合性问题与高校思想政治理论课教学目标的多样性是密不可分的。而对于教学目标，美国教育心理学家布卢姆认为，教育教学的目标包括认知领域、情感领域和动作技能领域三个方面。如果按照这种划分方法，高校中的大部分课程主要涉及认知领域，少数包含其中的任意两个领域。然而，在这些高校课程里面，思想政治理论课却是其中极少数的不但涉及心理认知领域，而且还涉及情感领域和动作技能领域的交叉型课程体系。因此，这种教育目标的复杂性决定了思想政治理论课教学评价目标的复合性，它要求学生对思想政治理论课的学习不仅要有认知领域的理解、运用、分析、综合等，还要上升到情感领域的接受、反应、形成价值观念等，并最后要在动作技能领域予以外化、实践，真正实现知行合一。所以，高校思想政治理论课教学评价指标体系必须是知识、情感、技能、态度、政治观、世界观、人生观、价值观等内容复合在一起的综合评价，而具体的教学评价过程对教师教学的考察不仅体现在传道授业解惑的能力上，还有教师在和学生教学交流中与学生的情感交流与传递能力；对学生的考察不仅包括学生对知识的理解、接受与运用，还有学生思维、情感、行动的变化。

三、高校思想政治理论课教学评价指标体系构建的依据

高校思想政治理论课教学评价指标体系的构建始终以马克思主义相关理论为指导，立足于党中央和教育部关于思想政治理论课教学的要求，以学生的全面发展为指向，坚持了高校思想政治理论课教学指标体系构建的科学性。

（一）理论依据

1.马克思主义相关理论

搭建高校思想政治理论课的指标体系时，必须要以马克思主义相关理论为基础。马克思主义认为只要理论是科学的、合规律的，就能被群众接受并信服。马克思主义指出从人类世界发展的全局出发揭示出人类社会发展的基本规律，这个是能够说服人、产生实际效果或价值的理论内容。具体来说，在教育方面马克思主义的相关理论包括下面几种。

第一，马克思主义价值评价理论。马克思说过："动物只是按照它所属的那个种的尺度和需要来建造，而人却懂得按照任何一个种的尺度来进行生产，并且懂得怎样处处都把内在的尺度运用到对象上去。"①从这句话我们可以看到，在马克思看来，人类的生存和发展就是主体把自身需要的尺度通过实践活动运用于客体，并使客体发生符合主体需要的变化，从而创造价值。在这个过程中往往需要主体对客体的价值进行评价。价值评价是价值哲学的一个重要内容，是人们在实践基础上对于客体与主体的价值关系的能动的反映活动。一般来说，要使价值评价过程具有科学性，需要注意两方面的内容：一方面，需要我们清楚地认识客体的实际情况，包括客体的属性、本质和规律等，这是对客体进行价值

---

① 马克思恩格斯全集:第42卷[M].北京:人民出版社,1979:97.

评价的前提条件；另一方面需要清楚地知道主体的利益和需求，从而为价值评价提供价值尺度。

除了以上两方面的保障，在开展价值评价时最重要的是制定科学合理的评价标准，这就不得不去进一步分析价值评价的要素。从马克思主义社会历史观的角度来看，要构成一种评价活动，需要具备评价的主体、客体和介体三大要素。其中，评价主体意味着谁来评价，评价客体代表着评价什么，评价介体代表着如何评价。三者构成价值评价的有机整体。具体来说，首先，认清评价主体是进行价值评价活动的基础和前提。评价主体可以是一个人，也可以是一个有共同利益需求的群体，还可以是整个社会的人。评价主体在进行评价活动时具有很强的目的性，因此评价主体的不同就意味着利益需求的不同，不同利益需求作为价值评价的标准，也就决定了价值评价的不同方向。在马克思的研究中，他选取从事物质生产实践的人民群众作为评价主体，把唯物主义与辩证法统一在以人民群众为主体的社会实践中，赋予了评价更丰富的内涵和意义。其次，评价客体是相对于评价主体而言的，不一定是客观存在的事物，也可以是人化的存在，即人活动的产物。评价活动中的客体与一般认识活动中的客体不同，并不是作为认识的对立面而存在的，而是被人化的、具有价值的对象。也就是说，只有那些具有价值对象性的存在才可能成为评价的客体。这样看来可以成为评价客体的可以是自然界中的，可以是社会活动中的，也可以是社会群体自身的实践活动。最后，评价尺度就是评价活动的介体，是串联整个评价活动的核心。评价尺度的功能主要是衡量客体满足和实现了主体的需求的程度。主体的需求从根本上决定价值评价的具体尺度。因此，价值评价理论的掌握有助于我们在教学评价指标体系的构建中进一步明确价值导向，把握评价的实质，从而制定出科学的、符合现实的评价标准。

第二，人的全面发展理论。教学评价的根本指标就是要以教育根本目的为标准，所以思想政治理论课的教学评价指标也要遵循这个规律。思想政治理论课设置的出发点和落脚点就是调整人的思想和行为，从而促进人的全面发展。因此，高校开展思想政治理论课在设置评价指标体系时必须与人的自由而全面的发展相联系，必须以不断促进人的自由而全面发展为最终目的。

马克思主义的人的全面发展主要包括以下几方面内容：一是人的需要的全面发展。需要是人的本质属性，是人类进行一切实践活动的出发点，始终推动着社会发展。一般来说，人的需要涉及自然需要和社会需要两个层面。其中，自然需要是人类为了生存必须解决的衣、食、住、行等的最基本需要；社会需要是人类与其他生物体的最本质区别，人类具备的主观能动性可以使人类有意识地进行社会生产，通过改造自然来满足自身需要。正是人的这种社会需要源源不断地推动着人类社会的历史进步。当然人的需要除了自然性方面需要及社会性方面需要，从主体角度来说，还可以分为个体需要与群体需要、物质需要与精神需要、生产需要与生活需要等。可见，人的需要具有明显的多样性。同样，在不同时期或时代人类的需要也各不相同，一定生产力的发展反映和制约着每个时代的需要。二是人的能力的全面发展。人的能力的发展是人的全面发展的核心内容，人的全面发展正是通过人的能力的全面发展而实现的。人的能力可分为先天能力和后天能力、潜在能力和现实能力、体力和脑力等。回顾社会历史发展进程，我们可以发现，人的能力的发展与社会的发展是同向进行的，而且人的能力的发展与社会生产力的发展密切相关，所以，马克思才认为只有到共产主义社会，只有在社会生产力高度发展的情况下，人类才能实现真正的自由而全面的发展。三是人的社会关系的全面发展。人的社会关系的发展应该具备普遍性和全面性两个特点。普遍性反映着人与人之间的最基本、最平等的关系，这种普遍性是基于社会生产力的发展而发展的，生产力的高度发展最终可以使人获得真正意义上的自由和平等。而全面性指的是人在社会交往中不可避免地会形成一系列的社会关系，包括个体与个体关系、个体与群体关系、民族和国家关系，甚至包括政治、经济、文化等社会关系。人的社会关系发展的普遍性和全面性的结合，才能充分发挥人的社会性。四是人的个性的全面发展。人的全面发展不是人的方方面面的发展，而强调的是人的个性的自由发展。在资本主义社会，劳动者受到剥削，人的个性自由被深深束缚，不能得到发挥。但是在共产主义社会，物质资料极大丰富，人的个性发展的条件全部满足，人的个性得到最大程度的发展。

第三，马克思主义教育评价理论。马克思关于教育评价理论与高校思想政治理论课之间是共性和个性的关系，所以在构建教学评价指标体系时必须在遵循马克思主义教育评价理论的基础上更加客观、科学地进行构建，唯有如此才能发挥马克思主义教育评价理论的价值，从而为提高和增强思想政治理论课教学实效性提供意见和建议。

2.人的思想品德结构和发展理论

人的思想品德的形成和发展主要有三个特征：一是长期性。人的思想品德的形成多来源于后天的教育，除此之外个人的主观能动性、道德体验和生活阅历等也都影响着思想品德的形成和发展。良好的道德品行绝非一朝一夕可以形成，良好的行为习惯的养成是一个长期的过程。在这个过程中人会受到各种内外部因素的影响，这种多样的、非一致性的影响难免会使人的思想品德的形成出现波折和反复，这也就造成了人的思想品德的形成的长期性。二是阶段性。人的思想品德的形成除了需要一个长期的过程，在不同发展阶段也会呈现出不同的阶段性特征。一般来说可以划分为婴儿期、幼儿期、学龄期、青少年期和成年期五个阶段，每个阶段思想品德的形成因素、具体特征都有所不同，且每个阶段间并不是孤立存在的，其相互之间是一个紧密相连、相互递进的关系。三是差异性。每个人的思想品德的形成都会受到各种各样的因素的干扰和影响，包括家庭、学校、朋友，个人的兴趣、能力等方面都会存在差异。这也就使得教育工作者在教育活动中必须认识到每个人才能和品德的差异，同时给予不同的教学方案。

高校思想政治理论课的评价指标是主要依据人的思想品德发展过程制定的，因此人的思想品德结构和发展理论为其提供了理论借鉴。人的思想品德是一个多要素的综合系统，是人的全面发展的重要组成部分，包括认知、情感、意志、信念、信仰等多方面的发展，是个人一种较为稳定的心理特点、思想倾向和行为习惯的总和。思想政治理论课教学评价指标体系有利于促进大学生思想品德模式的建构，对此，不仅要通过笔试及实践考察等方式来掌握课堂教学的效果，还要深入调查与分析大学生对思想政治理论课教学的喜好程度和掌握程度，还要评价学生对马克思主义理论的信仰程度、对中国特色社会主义的掌握程度、对党和党组织的信任程度等，这些方面都是思想政治理论课亟须向受教育者传递的教学知识，并且在教学评价的过程中需要进一步考察的信息。人的思想品德运动发展过程主要是受教育者知、情、意、信、行的矛盾运动过程。因此，高校思想政治理论课教师在教学设计的各个环节、要素、结构等方面都要考虑学生的思想品德形成发展的过程，在构建评价指标体系的过程中必须要符合大学生的思想品德的发展规律。

3.思想政治教育过程矛盾和规律理论

思想政治教育的根本目的是借助各种教育形式，运用马克思主义理论、科学社会主义理论等思想武装受教育者的头脑，提高受教育者的思想政治素质和道德品质，并最终实现人的全面发展。根据思想政治教育学科的根本教学目的，我们可以确定的是，思想政治教育过程的矛盾是围绕着人的思想政治素质和道德品质问题而展开的。

在思想政治教育过程中，基本矛盾始终贯穿其中，主要表现为以下几种形式：一是社会要求与教育者转化间的矛盾。所谓教育者转化指的是教育者以社会发展需要和思想政治教育要求为基础，通过自身的判断，把思想政治教育的教育内容和教育方法内化为自身的思想、观点、情感和可以熟练掌握并行之有效的教育方法。这一转化过程有明显的教育者个人的主观性和选择性，在教育者思想政治教育知识、素质、能力存在差异的情况下，他们对社会要求的思想政治素质和道德品质的把握就会出现差异，甚至表现出把握不完整或选择有偏差的情况。二是教育者的教育要求与受教育者的现实情况间的矛盾。当教育主体在教育中发挥组织、实施、调控等功能的时候，由于受教育者自身的双重性和差异性，教育者的要求与受教育者的思想政治素质和道德品质现状间必然存在差距。三是受教育者"知与行"的矛盾。思想政治教育的目的不只是帮助受教育者掌握思想政治教育的相关知识和价值，更是要引导受教育者将思想政治教育蕴含的理想、信念、价值内化为自身的理想信念，并成为其社会实践的自觉指南。因此，受教育内容价值性、实践性的把握与受教育者生活实践间的差距构成了思想政治教育过程"知与行"的基本矛盾。基本矛盾在思想政治教育过程矛盾体系中居于核心地位，是在整个过程中始终、持续起作用的"动力"矛盾。基本矛盾中任一因素的消失都意味着思想政治教育过程的停止，只有当基本矛盾得到彻底解决时，思想政治教育过程才取得阶段性的结束。就教育者而言，基本矛盾是思想政治教育过程亟待解决的重要问题，需要教育者在教育目标、教育内容、教育手段等方面采取符合思想政治教育发展规律的措施；就受教育者而言，他们的思想政治素质和道德品质是在教育实践中逐步得到发展和提升的。而且伴随着思想政治教育的深入推进，教育中旧的矛盾得到解决，新的矛盾不断产生，受教育者的社会实践能力也不断得到完善和提升。

理论指导实践同时来源于实践。思想政治教育过程基本规律的科学理论必须与思想政治教育实践活动相结合，才能迸发出更加强大的生命力。在这一点上，思想政治教育过程基本规律与思想政治教育实践活动二者存在辩证统一的关系，二者不但具有外在的差异性，更具备内在的统一性。就差异性来看，主要表现在两方面：一是性质上的差异。思想政治教育作为一项特殊的、具有阶级性和目的性的社会实践活动，是一个由教育主体、客体、介体和环体等基本要素构成的教育系统，是人类社会的客观实体，从属于实践范畴。基本规律则是反映各要素间稳定的、必然的联系，必须依附于实体而存在，从属于认识范畴。显然，二者从性质上来看有着质的区别。二是形式上的差异。思想政治教育实践活动为解决思想政治教育过程的基本矛盾问题，必须不断地更新教育内容、创新教育形式。可见思想政治教育实践活动是多样可变的。而思想政治教育过程基本规律则是隐藏于具体实践活动之后的、客观存在的、稳定的、持续起作用的力量，它是独立于人的主观意识，并且不能被创造和改变的存在。显然，二者在形式上是存在差异的。就统一性来看，一方面，在我们参加和开展思想政治教育实践活动时，可以通过把握思想政治教育过程主体、客体、介体、环体等基本因素的相互作用方式，进一步认识思想政治教育过程基本规律；另一方面，各要素在整个思想政治教育过程中相互影响、相互作用，必然形成一定的客观存在和重复有效、必然存在的东西。人们通过将其进行抽象概括和理论提炼便形成了思想政治教育过程基本规律体系。

思想政治理论课教学在形式上常被看作一种意识形态的教育，但是人的意识是以客观现实为指导，需要以客观规律为基础。整个思想政治教育活动如果丧失了规律的指导势必难以摆脱教育的主观随意性，致使在教学实践中出现失误、偏差，以致影响教育目标的实现。科学理论来源于实践，并且指导实践，将思想政治教育过程的基本规律和思想政治教育的具体实践过程相结合，才能迸发出更加强大的生命力。在这一点上，思想政治教育过程规律与思想政治教育实践活动二者存在辩证统一的关系，二者不但具有外在的差异性，更具备内在的统一性。

4.教育学的课程与教学评价理论

课程评价和教学评价理论是教育学中的重要内容。"课程评价就是运用一定的方法和手段，通过系统地收集、分析、整理信息和资料，考查课程目标的达成程度或对课程研制过程、课程计划及实施效果作出价值判断的过程。"①也可以说是对课程编制全程各个环节、各种因素的价值判断过程，具有导向规范功能、诊断鉴定功能、激励改进功能、调节功能。课程评价是一种价值活动，也是教育科学化运动的产物，随着科学的发展而不断发展变化着，主要受人的价值观判断的变化和科学技术的发展的影响。

---

① 刘家访,余文森,洪明.现代课程论基础教程[M].长春:东北师范大学出版社,2007:154.

影响课程的因素有很多，因此对于课程评价也应包括相应的因素，"既包括参与教育活动的教育者、受教育者、教育管理和教育辅助人员，又包括对教育的各种活动场所和设施设备、各种教育工具和辅助工具等的评价，还包括对教育制度、教育方针、教育政策、教育目标、教育规划、教育管理运行机制、教育内容、教育措施等方面的评价"①。课程评价贯穿教育全过程，对于教育对象的知识的获取、教育者教育教学的改进、教育管理者工作的进步都有重要的作用。在课程评价中量化评价方法和质性评价方法在评价逻辑、设计、功能和技巧等方面都有所不同，但是，两者不是完全对立的，而且在课程评价过程中两者可以相互配合，应用于评价的不同侧面，呈现评价的多元化。"教学评价是指以教学目标为依据，通过一定的标准和手段，对教学活动及其结果给予价值上的判断，即对教学活动及其结果进行测量、分析和评定的过程。"②教学评价从最初的侧重选拔淘汰转向侧重激励反馈，从着眼教师的教转向着眼学生的学，从关注传统的纸笔测验转向关注全面真实多元的评价，同时有教学与评价融为一体，过程与结果结合评价的发展趋势。

(二) 现实依据

1.社会发展对人才素质的客观需求

教育与社会发展紧密相连，我国思想政治教育培养的人才是要为中国特色社会主义发展建设而服务的。思想政治理论课作为立德树人的关键课程，需要科学的教学评价指标体系来提升其教学质量，从而为社会主义的建设需要服务。基于此，在构建教学评价指标体系的过程中必须要明确社会对人才素质的要求，明确必须始终秉承的评价原则、评价重点、评价方式、评价效果等问题。现阶段，我国步入中国特色社会主义新时代，人才培养是为社会主义建设助力的关键环节。新世纪的人才应具备思想政治素质、道德素质、文化素质、创造素质、心理素质和人际

① 刘家访,余文森,洪明.现代课程论基础教程[M].长春:东北师范大学出版社,2007:155.
② 尚金鹏,付玉成.教育学[M].郑州:郑州大学出版社,2016:206.

交往六大素质。因此，教学评价指标也要着重从培养学生的开拓和创新精神、竞争与合作意识、民主和法治意识、科技文化水平、思想政治素质等方面着手。如此一来，不但可以提高教学质量，更能培养出社会发展需要的高能力素质的综合性人才。

2.学科全面发展的客观需求

思想政治教育学科创立时间相较其他基础学科还尚短，但在所有思想政治工作者的不懈努力之下，思想政治教育学正由经验积累向科学化方向发展。其中，思想政治理论课是实现对青年大学生精心引导和栽培的重要课程。因此，思想政治理论课教学质量能否得到实质意义上的提高，很重要的一点就是我们能否制定出科学、合理的教学评价指标体系，并对当前的教学活动有一个客观的认识。同样地，思想政治教育学科的发展也是教学指标构建的依据。

3.学生全面发展的客观需求

学生是受教育者，是教育对象，是教学的受益者，他们在德智体美劳等方面的发展状况是影响教学效果好坏的主要因素。而这里面的"学生"二字，既包含着青年大学生这一个群体，又包含着每一个学生的个体，因此在教学过程中需要教育工作者充分考虑共性与个性的差异，进而更加合理地安排整个教学工作。同样，在构建教学评价指标体系的过程中，也要充分考虑学生的学习需求和发展需求，科学制定评价标准，合理选取评价手段，以达到适应学生自身发展需求的目的。

第二节　大数据时代高校思想政治理论课 教学评价的现状分析

一、大数据时代高校思想政治理论课教学评价面临新契机

当大数据技术进入高校思想政治教育视野、深入高校思想政治教育评价领域时，其基于自身特征与优势给评价创新发展带来新契机：数据分析方法推动评价范式转换、数据关联分析增强评价预测功能、数据存储功能有益评价内容拓展、数据可视技术驱动评价手段丰富，以其自身优势推动评价实现专业化、科学化。

（一）数据分析方法推动评价范式转换

大数据时代的到来，实现了事物的量化以及扩大了量化的范围和程度，驱动着科学研究范式的转换。"范式"一词由美国著名科学哲学家托马斯·库恩从亚里士多德和维特根斯坦的语境中提炼出来[1]，将其解释为某一共同体中的个体共同遵从的世界观和行为方式，也是常规科学要紧密依赖的理论基础和实践规范[2]。"范式"是贯穿于库恩科学哲学思想的一个核心概念和理论体系，吉姆·格雷将科学研究划分为四种范式：实验科学范式、理论科学范式、计算机科学范式以及将实验、理论、计算机统一起来的数据密集型科学范式，也被称为第四范式[3]。第四范式是"通过仪器收集数据或通过模拟方法产生数据，然后用软件进

---

[1] 托马斯·库恩.科学革命的结构[M].金吾伦,胡新知,译.北京:北京大学出版社,2003:37.

[2] 王晶莹,杨伊,郑永和,等.从大数据到计算教育学:概念、动因和出路[J].中国电化教育,2020(1):86.

[3] 朱德全,吴虑.大数据时代教育评价专业化何以可能:第四范式视角[J].现代远程教育研究,2019(6):14.

行处理，再将形成的信息和知识可视化呈现"①，毫无疑问，大数据的出现与发展为人类开展科学研究提供了新的方式与手段，这使得人们只需要通过数据来发现并理解世界。

数据驱动科学研究范式的兴起，评价中数据技术的应用，为高校思想政治教育评价范式的转换带来了新契机。传统评价范式主要通过采样、调研等方式获取数据，以追求精度为主要目标，拘泥于假设的限定、局限于因果关系思维且获取数据具有延迟性。但基于数据驱动的评价范式并不是一成不变的，而是具有多元变化特征。在研究范式上，教育评价经历了从心理测量、数学矩阵、价值判断到主动建构的转变。当前我们已经进入了大数据时代，教育范式，特别是中国德育范式与高校思想政治教育范式正在发生着巨大变化②。在高校思想政治教育评价方面，大数据的融入为我们提供了新的数据分析方法，传统的分析重在单变量分析、双变量分析，当代基于大数据，已经发展到了多元分析、动态分析、虚拟分析、关联交叉分析、置换转移分析、追踪与链接分析等③，使高校思想政治教育评价能够从更全面、系统的角度依托关联交叉分析、虚拟分析等方法完成评价，弥补了传统评价在科学性与技术性方面的不足之处，最终推动评价朝"数据密集型评价"新范式转变，产生了第四范式教育评价。

（二）数据关联分析增强评价预测功能

大数据并不是指数据内容的含量大，而是数据内容的价值，即数据背后的关联性。大数据技术颠覆了传统的逻辑思维和认知方式，将思维从线性的因果关系中解放出来，引导人们通过海量数据集之间的相关关

---

① 朱德全，吴虑.大数据时代教育评价专业化何以可能：第四范式视角[J].现代远程教育研究，2019(6)：15.

② 谢爱林，徐玉莲，王新想.改革开放以来高校思想政治教育范式转换与发展[J].教育学术月刊，2020(5)：54-59.

③ 陈吉鄂，王丽慧，谢心遥.大数据时代的高校思想政治教育——第四研究范式的视角[J].教育学术月刊，2020(11)：57-63.

大数据时代高校思想政治理论课教学改革与创新研究

156

系[①]，捕捉现在和预测未来。而我们一旦把因果关系考虑进来，这些视角就有可能被蒙蔽掉。因果关系评价理念影响了评价的数据获取，追求因果关系很难发现结构性不强的数据。大数据的关联分析优势突破了传统高校思想政治教育评价"经验性、因果性思维"的弊端，使评价更具整体性、客观性，同时有助于提高评价主体对数据的敏锐度，从而更容易、更便捷、更清晰地分析事物。

数据科学家维克托·迈尔-舍恩伯格认为大数据的核心就是预测，即通过分析海量数据信息的关联变化，做出合乎规律和实际的预测。以大数据视角探求高校思想政治教育评价，利用数据关联分析"发声"捕捉评价对象的动态趋势，通过数据建模进行预测，促使评价转向"即将发生的未来"。大数据分析的关键就是即时性和预测性，数据关联分析是基于关联规则来描述数据之间的关联性。基于关联规则分析、多层线性模型分析、决策树分析、神经网络分析等复杂算法模型[②]，高校思想政治教育评价主体能够深入挖掘分析评价对象思想、情感、行为等数据要素之间的关联性，获取发展规律并建立预测模型，深刻揭示评价对象的思想、行为变化趋势和规律并及时调控反馈。如通过数据算法模型对高校学生学习数据和生活数据进行挖掘与分析，通过数据分析结果优化高校思想政治教育资源配置。数据作为评价实践中的重要资源，将数据转化为预测相关趋势的重要依据，有助于实现评价预测功能的最优化、推动教育决策科学化，使高校思想政治理论课教学评价从经验判断转向数据举证。

（三）数据存储功能有益评价内容拓展

数据存储功能是大数据关键技术之一，主要指以数据库形式存储结

---

① 李国杰,程学旗.大数据研究:未来科技及经济社会发展的重大战略领域——大数据的研究现状与科学思考[J].中国科学院院刊,2012(6):647-657.

② 朱德全,马新星.新技术推动专业化:大数据时代教育评价变革的逻辑理路[J].清华大学教育研究,2019(1):5-7.

构化、半结构化和非结构化数据，具有高性能、安全性、大容量及高可扩展性等特征。相较于传统数据存储系统，大数据存储功能不仅支持海量数据集中存储和管理，同时采用数据复制和容错技术来保证数据的安全性，能够满足高校思想政治理论课教学评价工作对数据采集处理技术的高要求。

大数据具有存储海量数据信息的功能，不仅扩展了评价内容的数据来源，还能容纳多种类型且不同状态的评价数据信息。大数据拥有海量数据信息，丰富了评价内容的数据来源。传统高校思想政治理论课教学评价往往因采集技术手段的限制，局限于评价目标的小规模抽样。而大数据的优势是便于存储海量数据信息，能够实现数据信息资源共享，即打破时空限制，实现全时空范围数据的采集，为评价主体获取数据信息疏通渠道。大数据拥有诸多数据类型，可以容纳多种类型评价数据信息。高校思想政治理论课教学评价过程具有一定的复杂性，不仅会产生便于获取的结构化数据，也会产生大量半结构化和非结构化数据，如评价活动中产生的录音、视频、图片等，对评价工作有重要的参考价值。评价主体通过大数据技术将录音、图片等非结构化数据以及半结构化数据转换为结构化数据并记录下来，这些具有真实性、准确性的客观数据，成为评价最直接的凭证。大数据处理高效，有助于获取更多状态的评价数据信息。评价主体对所收集的数据信息具有时效性、真实性等要求，传统的静态数据已难以满足评价主体的需求，而大数据技术能够对各种时空、状态下的数据进行全过程跟踪，过滤无效数据信息，获取有效动态数据并及时掌握评价对象的思想情感动态变化情况。

（四）数据可视技术驱动评价手段丰富

大数据正在积极推进评价手段的变革，通过可视化技术，使高校思想政治理论课教学评价过程与结果呈全貌客观的展示，评价主体便一目了然，通过参照比对评价对象的优势与欠缺，进行精准反馈与决策。所以在高校思想政治理论课教学评价中，如果不能将繁多无序的数据用直观易理解的方式呈现出来，数据价值得不到充分利用，大数据带给高校思想政治理论课教学评价的效用就会大打折扣。

大数据可视化技术丰富了教育评价的手段。可视化技术能够以一种简化的形式提炼出元素关联关系信息，并通过直观、形象的外在表现，直接给使用者以信息传达。与传统评价的呈现方式相比，大数据带来的可视化技术旨在依靠图形方式，将评价数据转变为数据图形，以图形图像方式更直观、生动、形象地呈现出来，便于评价主体从多个视角阐释和探究数据之间的相关性及规律，使高校思想政治教育评价更加透明、直观。数字画像也是可视化呈现的一种方式。数字画像是依托人工智能、大数据、学习分析等技术，通过基本信息、行为数据、心理数据等多源数据构成的代理原型，用于支持教育决策、改进教育管理及优化教育服务[1]。数字画像是评价对象真实表现的高度仿真，不仅能够保障评价信息的真实性，还能够感知、预测未来的发展趋势。数据可视化技术优化评价呈现手段，直观展现评价效果，让观察更高效、反馈更精准、决策更科学。

二、大数据时代高校思想政治理论课教学评价面临新阻碍

大数据与高校思想政治理论课教学共融发展、共同推进，大数据的应用既为其带来了难得的发展机遇，也使其面临着新的阻碍。

（一）部分高校缺乏大数据意识，忽视教育数据采集

当前，部分高校明显缺乏大数据意识，在管理决策过程中过于依赖经验，忽视了教育数据的采集。首先，高校教学往往由教师主导，教学组织和管理也大多由教师全权负责，靠教师积累的丰富经验来把握课程走向和进度安排，但这种经验型的决策管理缺乏科学依据。其次，部分

---

① 艾兴，张玉.从数字画像到数字孪生体：数智融合驱动下数字孪生学习者构建新探[J].远程教育杂志，2021（1）：41-50.

高校不重视数据采集，数据管理也缺乏系统性。教育教学的大数据源自教学过程、社团活动以及学生管理等多个方面，数据质量、数量和种类差异比较明显，其收集成本和分析价值也不尽相同。同时，高校采集数据时也不重视融合处理各类数据，仅仅汇总现有的数据资源，没有及时剔除错误数据和无效数据，对收集的数据也很少进行定期分类梳理，给后续的价值挖掘和数据分析带来了一定的阻碍。

（二）受到技术的制约，难以有效完成教育数据处理工作

当前，因技术制约，高校教育数据处理工作难以有效推进，更难以满足教学质量评价的需求。

一是高校目前对于大数据技术的应用明显滞后，无法较好地完成数据分析工作。对来源于实践的数据，高校只有实现各项活动联网才能全面、系统地采集数据。但是，教育信息化建设的滞后导致与教学过程和学生管理相关的数据难以及时获取，加之各类数据之间的兼容性比较差，数据存储系统不同，其格式和编码也有差异，源自不同系统的数据也就很难实现高度共享。

二是当前部分高校所应用的数据预处理技术不够成熟，很难提高数据分析效率。受到大数据存储技术的阻碍，数据分析结果也很难得到有效保存。同时，目前高校在数据质量管理、预测性分析、数据挖掘算法、数据可视化分析等方面都比较滞后，主要受数据挖掘分析技术的限制，数据的内在价值难以得到最大限度的利用。

（三）数据诊断平台信息化不足，数据质量诊断不够精准

随着信息时代大数据技术、人工智能技术的应用，以教学数据诊断为主要功能的平台在信息化建设方面的水平日益提升。但部分高校的教学数据诊断平台信息化建设水平仍然较低，大多停留在收集和处理教学信息的层面，受到相关技术的限制，尚未形成有关诊断结果的数据链，难以摆脱对经验的依赖。

海量信息和复杂数据的高速流转，致使负责诊断教学数据的主体很难甄别干扰信息及其实际价值。同时，信息的碎片化也在冲击其时效性和完整性，碎片化信息的增加使决策者要处理的信息越来越复杂，容易酿成决策失误的后果，给精确诊断带来不利影响。造成这一问题的原因在于很多高校缺乏大数据专业人才，特别是算法类技术人才，阻碍了教育数据的充分挖掘，难以从根本上优化数据分析效果，提升数据诊断质量。

（四）教学质量评价主体还不够明确，评价结果失真

部分高校的教学质量评价主体还不够明确，评价结果反馈明显滞后。在确定评价教学质量的主体时，随意性比较大，致使评价主体混乱。部分高校只重视教师层面的督导评价、同行评价等，不重视学生的评价。这很容易让教师过于迎合主要评价主体的教学期望，而不重视学生对教师所用教学方法的认同度及其对教学效果的满意度，不利于最大限度地调动学生的学习积极性和主动性。

部分高校评价教学质量过于突出学生这一主体，而忽视了其他主体的评价。学生评价往往根据自身感受，或者根据自身对教师教学的偏爱程度，很少从专业角度衡量教师采用的教学方式恰当与否、教学过程合理与否、教学内容贴切与否，使得学生评价缺乏一定的客观性与全面性，直接影响教师教学的积极性。此外，还有一些高校在开展教学质量评价时，未对评价主体进行培训，造成其对各项评价指标的理解存在差异，致使评价结果失真。

第三节　大数据时代高校思想政治理论课
教学评价体系的构建

一、大数据时代高校思想政治理论课教学评价体系构建的原则

（一）科学性与实用性相结合

科学性是指构建思想政治理论课教学质量评价指标体系时应注意遵循思想政治理论课的课程性质和教学规律，结合时代背景和党中央相关要求，与时俱进，明确教学目标，并根据教学目标制定科学合理的评价标准。在设置指标和权重时应采用科学的方法。同时，在注重科学性的同时也应兼顾到实用性，将定性分析与定量分析相结合，充分重视评价指标体系在使用时的信度与效度问题。在进行评价的同时，重视对评价自身的评价，增强其本身的实用性，推进思想政治理论课的改革与创新，推进学生的认知和实践。

（二）完善性与针对性相结合

思想政治理论课教学质量评价指标体系的完善性是指指标体系的系统性与充实性，而针对性则是指在制定指标体系时应该注重评价主体的个性。一个完善的思想政治理论课教学质量评价指标体系应该包括评价主体、对象、指标、指标权重、方法等方面，在设置这些要素时必须要兼顾课程性质、特点、评价目标的方方面面。然而在这个过程中，也不能过于僵化，这就涉及针对性原则了，因不同地区、不同性质的高校在不同时期有各自的建设特点，因此在指标设置和权重确立时，应该做出

适当的科学调整。

（三）普遍性与可比性相结合

思想政治理论课教学质量评价指标体系应该具有普遍适用的特点，也就是说指标体系设置时应该涵盖高校思想政治理论课教学质量评价的共性，具有普遍适用的模板效用，才称得上是成功的。当然，普遍适用并不是说完全一样，一成不变，就如设置评价指标和权重时要有针对性一样，各个地区、各个性质的高校也应该根据自己的实际需要在细节上做出适当的调整，形成针对性和可比性，只有这样才能促进思想政治理论课教学质量评价指标体系的进步。

（四）简便性与有效性相结合

思想政治理论课教学质量评价指标体系不宜设计得过于烦琐，因为过于烦琐的指标体系不便于操作，反而为教学质量评价工作增添了很多不必要的麻烦。但是简便的评价指标体系构建并不意味着降低评价效果，相反地，应争取以最方便的操作赢得最好的效果。

二、大数据时代高校思想政治理论课教学评价体系构建的策略

（一）强化大数据意识，不断完善数据精准采集

在大数据背景下构建思想政治理论课教学质量评价体系，高校应进一步强化大数据意识，不断完善数据的精准采集。

第一，高校领导和全体教师应自觉强化自身的大数据意识，深刻认识大数据技术对于学校教学和管理等工作的重要作用，提升教师的数据素养。既要结合教师实际定期实施数据素养培训，完善相应的考核体系，也要将大数据技术运用于教学决策体制建设当中，让全体教师深刻

认识到大数据技术的重要性。即大数据技术可以把学生学习的过程转化为具体的数据，更真实、更全面地反映教学进展情况及其内蕴的教学规律，并以可视化的形式展现这些规律，方便教师对教学发展进行预测、科学决策和有针对性的资源推送[①]。这种数据驱动下的教学决策，能够系统分析教学数据资源，充分掌握学生行为表现，并以此为基础开展具有针对性的教学创新，从而不断提升教学质量。

第二，高校还应该积极应用大数据技术全面掌握学生课堂表现、教师授课情况和作业完成情况等基础数据，方便开展准确的教学分析与评价。在此基础上，要利用大数据技术丰富教学质量的监控数据，为教学质量评价提供多角度的参考依据。例如，可以利用图像识别技术全面采集学生上课投入程度的数据，分析学生在课堂上的动作、表情等，进而获取教师在课上的授课投入程度、学生上课积极程度与师生互动情况等[②]。可以说，数据采集是利用大数据监控教学质量的第一步，只有打好数据采集的基础，教学质量评价才能更加科学、合理。

（二）充分利用大数据技术，深入分析教学情况

在大数据背景下构建教学质量评价体系，高校必须充分利用大数据技术来深入分析教学情况。

第一，高校应设置与大数据技术紧密相关的实训课程，并开设 SPSS 数据处理软件等常用的数据分析技术培训，提高教师的大数据技能[③]。在此基础上，高校要充分利用大数据技术以完善教学平台，推动大数据技术和教学密切结合。各级教育主管部门要结合实际情况制定高职教育大数据标准，实现数据共享，从而最大限度地发挥出大数据技术的

① 王英彦,杨刚,曾瑞.教育大数据背景下高职教学质量提升策略[J].中国职业技术教育,2020(14):61-66.

② 许莉萍,杨洁琼,吴传宇.基于"互联网+教育"的线上线下混合教学模式对大学生学习绩效的影响[J].中外企业家,2020(19):207-209.

③ 李运山,肖凯成.高职教学绩效评价的现有形式、瓶颈问题与体系优化[J].教育与职业,2021(9):88-93.

优势。

第二，在借助大数据技术优化教学工作时，高校还要适应智慧教学发展的步伐，下大力气推进教学质量评价实现更好的发展。随着情境感知、学情分析等新兴技术的诞生和广泛运用，评价指标在差异性和生成性方面成为可能。利用传感器、动作捕捉和物联网等技术，全面采集学生学习的过程性数据，紧盯学生学习的具体过程，描绘数据画像，凭借数据挖掘与分析技术获得教学全过程的数据。完整、及时地获取教学数据，能够让教学评价标准在形式和内容上更具有多样性与包容性，从而提升教学质量。

（三）完善教学质量诊断，增强诊断精准度

大数据时代构建思想政治理论课教学质量评价体系，高校需要建立和完善教学质量诊断平台，提升诊断精准度。

第一，高校要建立与完善兼具教学分析功能与教学功能的教学质量诊断平台。该诊断平台具有目标设定、标准制定、任务分配、智能画像、信息推送等功能。完善这一平台及其与其他软件平台的集成融合，能够有力推进智慧校园与教育信息化的建设进程，推动智慧教育实现高质量发展。高校要根据国家有关教育数据的建设标准搭建数据中心，并结合部门工作的实际情况，构建教师管理、学生管理、后勤管理与科研管理系统，推进各系统数据之间的共享互通，并依据数据安全协议确保数据采集工作安全实现互通共享。诊断教学质量的平台可以完善学校一系列工作的成果数据，并实施纵横对比等分析，进一步优化原因反思、措施改善、回溯性反思等具体环节，促进教学质量诊断与反馈的常态化建设，为教学质量评价提供保障。

第二，在系统、科学的诊断基础上，高校要及时发现教育问题及分析其深层原因，使教育质量的提升更具针对性。高校要面向学生和教师开展不同的教育诊断，根据结果进行学科对比、纵横对比和多因素融合对比，精准判断教学中存在的问题及其深层原因。对于学生，高校要借

助大数据开展学习诊断，融合分析各类学情数据，掌握学生的学习情况，精准确定影响其成绩的最重要因素，生成诊断报告[①]。对于教师，高校要借助大数据对于学生学习的诊断分析结果，精准判断教师课程教学中的优缺点。对于专业，高校要结合大数据判断教学目标、教学任务和教学过程管理在哪些环节出现了问题。

（四）完善教学评价主体建设，增强评价的科学性

在大数据背景下构建思想政治理论课教学质量评价体系，高校必须进一步明确教学质量评价主体，增强评价的科学性。

第一，要明确具有权威性的评价主体。一方面，高校领导要加大听课检查力度，教学主管提高听课频率，增加教学主管与师生之间的交流，加深相关领导者对教学质量的认知。教学管理部门应将听课作为评价教学质量的主要形式，各教研室要积极鼓励教师互相听课或组织各类竞赛，做到取长补短，不断提升授课质量。另一方面，要进一步强化教学评价专家小组的专业化督导。可以聘请专业水平高、教学经验丰富的专家组成督查小组，结合高校人才培养方式、教学目标等制定合理的评价方式，考查教师的教学手段和内容[②]。同时，健全工作业绩考核制度，聘请企业专家组建考核团队，聚焦毕业生的工作适应能力，实现对高校教学质量的间接考核。

第二，高校要构建系统、科学的教学评价体系，增强评价的科学性。一方面，要确立科学的教学质量评价标准。确立与教学目标及内容相匹配的评价标准，实施期中检查和期末检查，评选优秀教师与优秀课程，促进教师实现教学方法的创新。根据教学目标的确定、教学方式的实施来制定评价标准。采取计分的方式评价教师的教学能力与学生的专业水平，从而评估教师的业绩水平。另一方面，要确立科学的评价指

① 刘博文,吴永和,肖玉敏,等.构筑大数据时代教育数据的新生态——国内外国家级教育数据机构的现状与反思[J].开放教育研究,2019(3):103-112.

② 聂文俊.高职院校教学质量保障与监控困境及应对[J].教育与职业,2019(17):41-44.

标。针对工作量的评价指标应涵盖教学课时、实训指导人数、学生数量、毕业设计指导成果等；针对过程质量的评价指标应涵盖教学计划编写、教学选择、学生辅导和习题解答等；针对教学效果的评价指标应涵盖领导评价、同行评价、学生评价、专业评价以及企业评价等。

第八章　大数据时代高校思想政治理论课考核的改革与创新

推进高校思想政治理论课改革与创新，充分发挥其立德树人主渠道和主阵地的作用是近年来高校思想政治理论课建设的重点。考核是高校思想政治理论课教学过程的重要环节，创新考核过程是提高高校思想政治理论课实效性的突破口。进入新时代，信息化建设、人工智能、大数据等科技发展为考核创新提供思维变革和技术支持。探索大数据是否能以及如何助力高校思想政治理论课考核，是大数据时代优化高校思想政治理论课考核的重要课题。

第一节　高校思想政治理论课考核概念界定和理论基础

一、高校思想政治理论课程考核

从教育学上说，课程与考核都是教育实践活动的重要组成部分，其中课程是"教学的内容、标准和进程"①，考核则是依据课程要求"对学生个体进行价值判断，并把判断结果反馈于教育实践以改进教育工

---

① 朱家存,王守恒,周兴国.教育学[M].北京:高等教育出版社,2010:167.

作"①。在这一过程中，课程特点不仅决定着考核的标准，还决定着考核的内容和方式。

高校思想政治理论课考核的含义，存在一定的争议。例如董玉来认为考核是教学过程中的重要一步，既是对教师教学任务完成程度的检验，也是对学生达成教学目标情况的掌握②。这实际上是从考核的管理目的上来界定思想政治理论课程考核。于明盛则认为思想政治理论课的考试需要明确三个基本问题，一是将考试与评价划分清楚，二是将考智与考德划分清楚，三是将学生知与行考核效果的统一划分清楚。他认为考试只是单纯的考试，一旦与其他功能混合就会超出负荷，而无法实现预期③。一般意义上说，考核即"考查审核"④，字面意思上它应包含两大过程，即"考"的过程和"核"的过程。"考"的过程即考试过程，从确定考试目标、考试内容、考试方式到进行考试都属于这一范畴；而"核"的过程更偏重于对考试结果的分析、评价和反思，更侧重于"评价"的含义。如果说"考"的过程是考核者对被考核者所学或所有知识、能力或者素质的预判，"核"的过程则是被考核者真实情况的反映以及考核者对被考核者真实情况的了解、批评或赞扬、纠错甚至是对课程进行反思的过程。

高校思想政治理论课的本质属性以及教学过程的特殊性决定了该课程在考核方面的特殊性。高校思想政治理论课的课程性质和立德树人的教学目标决定了考核目标的双重性。高校思想政治理论课教学过程需要受教育者在了解知识的基础上进行观念上的内化，以保证相关意识形态和正确的观念深入人心。其他课程中的价值内化是教学艺术而非课程目的，所以无须通过考核，思想政治理论课考核必须兼顾知识性考核和思想状况的考核，缺少任何一个都意味着未能达到考核标准，这就是思想

① 朱家存,王守恒,周兴国.教育学[M].北京:高等教育出版社,2010:347.
② 董玉来.高校思想政治理论课考核方法的改革与实践[J].思想理论教育,2011(7):58-61.
③ 于明盛.高校思想政治理论课考试的性质与现状[J].思想理论教育导刊,2009(11):76-80.
④ 张焕庭.教育辞典[M].南京:江苏教育出版社,1989:288.

政治理论课考核目标的双重性。从实践意义上说这决定了思想政治理论课考核目标应既包含知识性目标，如对中国特色社会主义理论体系、中国近现代史的认知；也包括情感、态度、价值观目标，如对被考核者的理想情操、道德品质，是不是合格的社会主义建设者和接班人等价值评价；还包括能力目标，如运用马克思主义世界观和方法论分析问题、处理问题的能力。多元化的考核目标决定了考核内容的重点不在于显性的知识掌握程度，而是隐性的知与行之间的转化程度。同时，模块化的课程内容并没有易与难的区别，只有掌握与未掌握的区分，考核内容如何既能反映学生掌握每一个模块的真实水平，又能够从整体上把握学生的素质，在多维中把握整体，这是思想政治理论课考核内容设置的重点。在考核方式上对涉及意识形态的课程应如何进行恰当的考核，是否能简单地运用传统的考核方式来衡量学生对课程内容的掌握程度，显然需要进行科学的规划和设计。高校思想政治理论课教学的过程性决定了高校思想政治理论课的考核不能只是终结性的、一次性的考试，它既要能够测量出被考核者的学习情况，从而起到诊断、纠正、激励和预测作用，促进被考核者的全面发展，同时又要充分利用考核过程，帮助教育者了解受教育者的基本情况，从而能够进行有针对性的教学，保证课堂教学过程中教育者与受教育者的良性互动，了解受教育者是否能在教育者的教学过程中找到共鸣，以提高课程的参与度，保证课程进展顺利。

总之，高校思想政治理论课考核是教学实践中的一个重要环节，是指教师在开展思想政治理论课教学实践过程中，以教学目标为依据，结合思政课的性质和特点，检验和评价学生对课程的掌握程度的过程，也是根据学生反馈适当调整教学设计的过程。

二、大数据时代高校思想政治理论课考核研究的理论基础

完善高校思想政治理论课程考核模式离不开科学理论的指导，大数据时代高校思想政治理论课程考核研究以思想政治教育学基本原理为理

论基础，分析考核过程中核心要素的组成及其关系；以过程性评价和以学生为中心的考核评价理论为指导，分析大数据时代高校思想政治理论课程考核遵从的考核理念；以学习分析理论为理论来源，提供具有大数据时代特色的研究思路；以阿吉瑞斯的"双回路"学习模式为参考，分析反馈作为考核价值实现的聚焦点的重要性。这些构成了本研究分析问题和设计方案的理论依据。

（一）思想政治教育学原理厘清考核核心要素

高校思想政治理论课作为大学生思想政治教育的主阵地，其指导思想必然是以思想政治教育学的基本原理作为根本遵循，符合思想政治教育过程要素和规律，所以其考核过程必然是与思想政治教育过程相契合。

思想政治教育过程是"在一定的社会环境条件下，教育者施加思想政治教育影响，受教育者接受思想政治教育影响相统一的过程"[①]。因此，思想政治教育过程必然包含三个因素：教育主体、教育客体和教育介体，即教育者及其活动，受教育者及其活动以及思想政治教育的内容和形式。作为一种特殊的思想政治教育活动，高校思想政治理论课中也必然包含着三个要素：思想政治理论课教师及其教学行为，高校学生及其学习行为，思想政治理论课的内容与教学方法。

教育者与受教育者及其教与学的活动构成了思想政治理论课的主体与客体，考核的过程是主体对客体进行考试评价的过程。大数据时代高校思想政治理论课程考核首先要明确谁是主体谁是客体这一问题。思想政治教育主客体关系理论认为思想政治教育的主体是指"在思想政治教育过程中的主动行为者，是具有主动教育功能的组织或个人"[②]，这里强调主体并非特定的对象，而是在教学过程中具有主动性的一方。与之相对应的客体是指"在思想政治教育过程中教育主体的行为对象……思

---

① 教育部思想政治工作司.思想政治教育原理与方法[M].北京:高等教育出版社,2010:107.

② 陈秉公.思想政治教育学原理[M].北京:高等教育出版社,2006:97.

想政治教育客体包含思想政治教育过程的全部要素"①。这一论述表明思想政治教育的主体与客体并非固定不变，而是可以相互转化，也意味着思想政治理论课中教师并非教学的唯一主体。

从思想政治理论课教学主客体关系的角度理解大数据时代高校思想政治理论课程考核过程中的主客体关系有着重要意义。在大数据时代，考核评价过程强调要充分发挥教育主体与客体的主观能动性，这个能动作用既包含在教育者通过考核对受教育者进行全面的理解从而因材施教、课上进行良性互动、课下进行总结提高的过程中，也包含在受教育者对教育者的接受和评价过程中，如何充分发挥双主体的积极作用贯穿于大数据时代高校思想政治理论课程考核研究的全过程。

从思想政治教育内容和方法上看，思想政治教育由"思想教育""政治教育""道德教育""心理健康教育"等组成②，因此，高校思想政治理论课的教学内容集中在了对高校学生的思想、政治、道德和心理健康进行适度引导上，相应地，其考核内容必然包含了受教育者的思想深度、政治参与度、道德情感认同度和心理健康程度等方面。而对于这些方面的考核从根本上说主要包含两个方面的内容，即相关知识性内容的掌握程度和价值性内容的内化程度。这要求考核过程要考虑评价的多维性和可操作性以及考核方式的恰当选择。如何将抽象的价值性评价显性化，是高校思想政治理论课考核的难点。

除这三大要素之外，思想政治教育还包含着社会环境及其所提供的其他支撑条件，它们不仅为思想政治教育主客体提供活动场所，也为思想政治教育介体提供素材和发展的土壤。思想政治教育学原理认为环境因素具有重要的思想政治教育功能，这个环境强调的是社会环境中的经济、政治、文化等多种因素。从微观上看，高校思想政治理论课的主要活动场所是学校，它对教育者和受教育者的教与学产生最直接的影响。学校既为主客体提供了教与学的场所，同时也是检验学生思想政治水平

① 陈秉公.思想政治教育学原理[M].北京:高等教育出版社,2006:97.
② 教育部思想政治工作司.思想政治教育原理与方法[M].北京:高等教育出版社,2010:107.

大数据时代高校思想政治理论课教学改革与创新研究

的直接场所，正是在学校这一场域下，思想政治理论课考核结果才具备可操作性，对校园信息化平台建设的重视程度直接影响学生信息的收集工作这一关键环节。从宏观上说，大数据时代背景本身是环境的一种，大数据技术正是社会大环境的产物，这一技术和规律为人们所认识和掌握后，必然会被用于认识世界、改造世界。大数据是当代科技力量的集中体现，它不仅为高校思想政治理论课考核提供技术支持，也为变革考核新思维提供现实依据，用它作为认识客观规律，改善现状的武器是历史发展的必然。当然，大数据时代高校思想政治理论课考核变革研究也离不开社会经济的发展，离不开政治环境的正确引导，更离不开先进文化凝聚共识等，所以掌握思想政治教育的环境，是大数据时代能够顺利进行高校思想政治理论课考核的外在保证。

从思想政治教育学原理来看高校思想政治理论课考核的过程，它是一个主客体与环境、方法、目的相统一的系统工程。在这个过程中，每一个环节都扮演着重要的角色，正如思想政治教育的目标包括"促进人的全面发展"和"促进社会的全面发展"①两方面，大数据时代高校思想政治理论课考核最终的目标导向也在于能够帮助高校学生实现自身全面发展的同时，对社会的稳定和谐做出贡献，而这既离不开教育主客体的主观能动性的发挥，也离不开客观力量的现实支持，这些构成了高校思想政治理论课程考核的核心要素。

（二）课程评价相关理论提供考核理念指导

在大数据时代，高校思想政治理论课怎样进行行之有效的考核，离不开对教育共性的把握，课程评价相关理论正是从教育学共性上为大数据时代高校思想政治理论课考核提供理念上的指导。

1.坚持考核理念：以过程为核心

过程性评价理论起源于以加德纳为代表提出的多元智能理论，这一

① 教育部思想政治工作司.思想政治教育原理与方法[M].北京:高等教育出版社,2010:128-134.

理论强调受教育者多元智力如逻辑数理智力、空间智力、音乐智力、人际交往智力等的客观存在，打破了单一的重视知识的教学传统，批判了标准化考试、终结性评价等传统考核评价模式。建构主义进一步强调了受教育者的主观能动性，鼓励受教育者在学习过程中主动建构知识体系，从而形成自身的知识体系。在考核评价过程中，建构主义认为"知识的价值在于其对个人和社会的意义，而不在知识的真实程度"①，而受教育者在建构知识的过程中必然展现其对知识的认知程度，对现实经验的把握程度，对理论联系实际的掌握程度等能力，那么考核评价就需要关注过程，而非结果。后现代主义以"不确定性"为核心思想，不仅强调了知识的瞬息万变及其权威性的丧失，也强调了每一个人是复杂而不断发展的个体，需要终身学习，以确定性的分数作为评价结果具有不合理性，过程性评价作为一种将即时性评价与历时性评价相结合的考核理念，无疑是一种适应时代变化的考核评价方式。无论是针对教育决策还是对受教育者的了解，都离不开对过程的把握。

大数据时代高校思想政治理论课考核过程囊括了教学过程中教育者和受教育者在特定的思想政治教育环境下教与学的信息生成、呈现方式、系统整合等过程。大数据时代背景下的考核能够实现考核全程的数据化和可视化，这有着重要意义。过程性考核理念相对于终结性考核理念，更加注重考核过程中考核者与被考核者的互动与反馈，它内在包含了丰富考核方式、考核内容和考核结果的要求，成为指导考核实践的重要理论依据。过程性考核理念突出考核过程的动态性，"评价不是一次完成，而是逐渐生成的过程，不只包含及时评价，而且还需要长期评价"②。动态性的考核过程能够及时了解受教育者的变化和发展状况，兼顾考核的即时性和历时性，其实质是将考核评价视作推进教学过程的一个环节，改变了传统教育中考核评价与教学过程相分离的局面，是大

---

① 黄韶斌.关于学生学习的过程性评价理论与方法探究[D].广州：华南师范大学,2005.

② 佘双好.关于思想政治理论课教学质量评价问题的思考[J].学校党建与思想教育,2018（13）：14-15.

数据时代高校思想政治理论课考核的核心理念。

2.明确考核主体：以被考核者为中心

对于考核主体的把握主要受"以学生为中心"的考核理念的影响。20世纪90年代，受人本主义教育思潮的影响，以罗杰斯为代表的人本主义者们提出了"以学生为中心"的教育观。既突出了教育过程中教育者对受教育者的个性发展的关注，又强调了学习过程中受教育者自我实现意识的觉醒。罗杰斯认为教育的目标是培养"完整的人"（whole-man）①，这个"完整的人"表现为受教育者的认知、情感和行为的统一，区别于认知理论对知识的重视，这种对情感的重视冲击了传统的教学理念。同时，认为教育者并不是知识的传播者而是教育过程的引导者，在关注受教育者的需要和个性发展的同时，要发挥受教育者的学习主体作用，能够让受教育者直接参与学习过程，包括学习目的、内容、结果评价等的决策，实现"自我学习"。在这一教学理念的指导下，形成了新的考核评价理念——"以学生为中心"。为达到培养"完整的人"的目标，"以学生为中心"的理念呼吁教育者要更加重视每一位受教育者发展的内在需要，从实际出发，尊重其人格、信任其能力、关心其发展，更加重视受教育者的自我评价。

大数据背景下的思想政治理论课考核贯彻"以被考核者为中心"的考核理念，一方面，明确了考核者与被考核者的实践定位。被考核者的中心地位表现为既是数据的提供者，又是教学过程中的主体。大数据时代，数据是核心，而作为数据的提供者，被考核者的接受度和配合度直接关系到思想政治理论课考核的实际成效。作为考核过程的引导者和组织者，考核者如果不能正确认识到科学合理的教学和考核方式的重要性，或者直接将数据收集作为一种任务，很容易落入形式主义的窠臼。另一方面，明确了学生自我实现的价值。大数据时代的考核强调对被考核者的客观认识，为教育者提供针对性的教学素材，方便其因材施教并及时为被考核者提供科学认识自我的反馈，为自我实现提供前提基础。

---

① 方展画.罗杰斯"学生为中心"教学理论述评[M].北京:教育科学出版社,1990:77.

"以被考核者为中心"的考核评价理念中所强调的考核者与被考核者的地位和培养"完整的人"的目标导向，为大数据时代高校思想政治理论课考核指明了努力方向，也成为本书分析高校思想政治理论课现存问题和解决途径的重要理论基础。

（三）学习分析理论启发大数据时代特色研究思路

学习分析理论是在信息化社会不断发展的背景下，数据与学习相结合形成的一种新的学习理论。2011年，第一届学习分析与知识国际会议提出了学习分析技术，并将其定义为对学习者及其学习的情境等数据进行测量、收集、分析和报告，以达到了解并优化学习过程和相应的学习环境的目的。学习分析理论的前提是假设能够充分利用那些之前就已经存在并且机器能够阅读的数据，而且需要利用的数据量非常庞大，无法通过人工统计①。顾小清教授是我国在该领域的主要研究者，她认为学习分析技术是以学习者相关学习信息为基础，以各种分析方法和数据模型为手段，对学习者数据进行解释，从而探寻学习者学习过程，找到学习规律；或围绕数据判断学习者的学习表现，提供反馈，从而提高学习有效性②。学习分析技术正是在大数据技术日趋成熟时，运用于学习过程的一种新的方式。这种学习方式赋予了考核评价领域新的内涵。学习分析理论中，"分析"成为学习的重要方式，而"分析"正是属于考核范畴。它明确提出了数据以及相关的处理数据的技术对学习的重要性，考核成为学习的核心，无论是对相关数据的收集还是处理，都凸显了考核的重要性。

学习分析理论提出的相关原则为大数据时代的考核工作提供了参考的经验。第一，突出隐性评价和新的测量结构的重要意义。国际学习分

① 郁晓华,顾小清.学习活动流:一个学习分析的行为模型[J].远程教育杂志,2013,31(4):20-28.

② 顾小清,张进良,蔡慧英.学习分析:正在浮现中的数据技术[J].远程教育杂志,2012,30(1):18-25.

析研究专家戴维·吉布森教授认为与传统的教育评价方式相比，学习分析参与的评价有两个典型的区别：首先，"学习者是否意识到自己在被评价"[①]，传统的考核是一种显性的、被考核者了解其规则的考核方式，数字化的新型考核则不然，无论是大量杂乱数据的收集还是分析，都是在被考核者无明确目标的情况下完成的，这样的数据更具有真实性。其次，大量数据会带来新的视角，如"新的评价维度，如批判性思维、创造能力等"[②]，可以丰富考核评价结果。第二，强调了教育预测和教育反思的重要性。学习分析理论认为从应用目标上来看，学习分析技术能够实现"教育预测和教育反思"[③]。教育预测是指能够从海量数据中找到行为或者思想的相关性，从而预测以后的行为或者思想的变化，及时止损；教育反思则是能够实现即时反馈，同时帮助教育者和受教育者及时了解不足，有所进步。大数据时代高校思想政治理论课考核，正是希望通过这种反思和预测功能，发挥出考核对考核者和被考核者乃至整个教学的积极作用。第三，学习分析理论也研究了在运用学习分析技术过程中"数据获取和分析过程中的隐私和道德因素也成为愈来愈受关注的地方"[④]，这为大数据时代高校思想政治理论课考核应该遵循什么样的使用原则，保障其长效运转提供了研究思路。

（四）"双回路"学习理论强调考核反馈的价值

控制论中的反馈概念是指系统输出的信息（给定信息）作用于被控对象后产生结果（真实信息），再把结果通过一定的通道返送到输入端，从而对系统的信息输入和再输出发生影响的过程。这种将输出量与输入量进行比较寻找差异的过程是反馈的最基本的含义。在管理学领域，阿

---

① 郑隆威,冯园园,顾小清.学习分析:连接数字化学习经历与教育评价——访国际学习分析研究专家戴维·吉布森教授[J].开放教育研究,2016,22(4):8.

② 郑隆威,冯园园,顾小清.学习分析:连接数字化学习经历与教育评价——访国际学习分析研究专家戴维·吉布森教授[J].开放教育研究,2016,22(4):8.

③ 郁晓华,顾小清.学习活动流:一个学习分析的行为模型[J].远程教育杂志,2013,31(4):21.

④ 郁晓华,顾小清.学习活动流:一个学习分析的行为模型[J].远程教育杂志,2013,31(4):21.

第八章　大数据时代高校思想政治理论课考核的改革与创新

吉瑞斯在论述组织学习时提出了"双回路"学习模式。他将组织学习类型分为单回路学习和双回路学习。所谓单回路学习是"在组织的自我管理部分所完成的工作中，对适应性反映做出保存和选择"[①]。而双回路学习是在纠正不匹配过程中，首先关注的不是行为，而是检查和改变控制变量，然后才是行动的改变，这就发生了双环学习[②]。所谓单环学习就是当教学后的行为与结果不匹配时，通过纠正和改变行动从而完成学习的过程，这从教育学上来说是纠偏的过程。而双环学习则不然，它是从源头——教学的角度来全面地反思行动与结果不相匹配的原因，从而进行相应的改变，达到行为与结果相匹配的目的。这都离不开有效反馈。

在思想政治理论课程考核过程中，大数据考核建构了反馈这一环节，并且强调的是即时性、全体性反馈，既能为考核者提供每一位被考核者的学习情况反馈，也能为被考核者提供认识自己的参考性信息反馈，在与标准不符的情况下，被考核者能够返回学习，及时纠偏，这完成了一个"回路"。另一个"回路"在于考核者对于考核结果的教育反思，这正是在双环学习的启发下形成的。课程考核的根本目的是帮助被考核者找到自身与规范或标准不相匹配之处，但是它只能在一定程度上保证受教育者在课程范围内进行纠偏。教育者在课程教学这一初始阶段中是否有问题或者有进步的空间，需要借助于充分的依据进行相应的改进。"双环学习"强调了考核者对反馈结果的深层次反思，进而帮助考核者优化课堂设计，这个过程是教学体系重构的再造过程，反馈的功能得到了充分发挥。将反馈视为高校思想政治理论课考核的焦点是考核的应有之义。但因为在实践方面的难度，真正实现科学有效的反馈尚存在困难。大数据时代的即时性和关联性为及时反馈提供了巨大的便利，依赖于云计算和数据分析，反馈的速度和精确性实现质的飞跃，有效反馈成为考核价值实现的聚焦点。

---

① 彭赓,李敏强,寇纪淞.组织学习与学习型组织研究[J].中国软科学,1999(12):118.

② 高章存.克瑞斯·阿吉瑞斯组织学习理论述评[J].经济社会体制比较,2006(4):129-133.

简言之，思想政治教育学原理作为理论基础是从个性出发，寻找体现高校思想政治理论课个性的指导思想；课程评价理论作为理论基础是从共性出发，以科学的考核评价理论作为指导基础；学习分析理论是从大数据时代背景出发，为大数据时代的学习和考核方式寻找新的理论依据；反馈理论则是整个考核功能发挥的保证。大数据时代高校思想政治理论课考核研究正是从考核过程要素的整体出发，以科学的考核理念为保证，以数据收集、挖掘和分析为载体，突出考核反馈和预测的作用，以期发挥考核的功能，推动考核体系的系统化、智能化。

第二节　大数据时代高校思想政治理论课考核的现状分析

大数据时代带来了新技术和新思维，也给高校思想政治理论课考核带来了新机遇和新挑战。高校思想政治理论课考核与大数据的结合不仅表现在契合性上，也表现在具体实践中。

一、大数据在我国高校思想政治理论课考核中运用现状

2018年4月，我国教育部颁发了《教育信息化2.0行动计划》（教技〔2018〕6号），提出了在继续普及"三通两平台"的基础上，持续推动信息技术与教育深度融合，构建一体化"互联网+教育"大平台的任务。这为大数据时代背景下教育领域的变革奠定了基础。正是在相关政策支持下，我国教育信息化建设取得了巨大成就，高校思想政治理论课教学领域也有了突破性进展。

（一）基于慕课等线上教学平台的考核

慕课（MOOC）这一概念最早出现于2008年，2011年在国外开始流

行，后传入中国。其本质是互联网与教学相结合的产物，是一种教学方式的革新。网络传播的便捷性、资源的共享性、课程的精品化等为其发展带来了优势。随着我国对校园网络普及、精品课程建设等的重视，慕课建设也逐渐受到重视。在高校思想政治理论课领域，复旦大学、华东师范大学、北京大学、清华大学、武汉大学等先后采用跨校合作或自主开设方式，面向全国乃至国际推出了思想政治理论课的慕课。有教学就会有考核，和传统课堂考核有所区别的是，慕课考核是以线上测验为主，有时也会辅以线下考核，且在教学过程中会进行频繁测试。总结起来，慕课考核大致分为以下几个步骤。

1.组织观看视频，统计观看进度

视频课程使被考核者在学习时间安排上相对灵活，网络具有强大的数据统计功能，忠实地记录了上课时间、课程内容、课程完成进度等相关信息并直接赋分。

2.统计互动过程

互动考核过程主要包括两方面的内容：一是课程本身预设的问题，慕课在每个知识点讲解过程中以及完成之后都会进行问题设计，以频繁问答来检验学生在课堂上的专注度；二是学生在课程过程中提出的问题，有些慕课会设计相关的线上讨论环节。

3.统计线下小组讨论情况

这部分安排较少，也有课程会设置线下讨论环节，如就某一主题进行小组讨论，并安排助教做好记录。

4.期末考试

期末考核大多是在线上完成，从题库中抽取题目，在规定时间内完成。慕课的考核结果也是以比例制为主，课堂表现（包括完成进度和课堂作业情况）占较大的比例，期末考试占比较低。除慕课以外，也有其他教学模式如小规模限制性在线平台（SPOC）、远程教育等，将线上课堂与线下课堂相结合，便于师生直接交流，其考核过程增加了实体教师的参与，在考核上与慕课无太大差别。

对大数据教育的研究大多从线上教学开始，线上教学平台能够较为便捷地掌握受教育者的学习过程，可以收集到大量的学习过程数据以供研究，如舍恩伯格对于大数据时代教育变革的研究就是以提供在线课程服务公司（Coursera）的研究成果为研究对象。线上教学平台为大数据考核的研究提供了一定的便利，但在仍以实体课堂为主的思想政治理论课堂中，探索如何实现大数据考核才是需要关注的焦点。

（二）基于移动平台、智慧平台的线下教学课堂的考核

从现状来看，实体课堂中实现大数据考核的过程大致可分为两种形式：基于自媒体平台、App 等移动平台的考核和基于智慧课堂等智慧平台的考核。

1.基于自媒体平台、App 等移动平台的考核

这一考核过程主要是以电脑、手机为工具，以一些应用程序或软件为载体，以提高考核效率，促进考核便捷化为目的，在使用过程中有着门槛低、易操作的特点。

利用微信、微博等自媒体平台，能够实现考核者与被考核者的实时对话；一些小程序的使用如微助教、课堂派，可以使之成为考核的平台。考核者与被考核者可以进行考核任务的发布与履行、互动与交流、结果评价和赋分等，如利用自媒体平台进行实践活动过程的记录等，完成实践考核。相对于自媒体平台的非专业性，一些专门服务于课程设计的 App 如蓝墨云、易班的使用则更加接近于大数据考核的范畴。以蓝墨云为例，借助于大数据技术和云计算，它能提供较为丰富的考核服务。以班级为单位，教育者将所有学生拉入云课堂中，网络虚拟世界开辟出了一个新课堂，是实体课堂功能的延伸。虚拟课堂已设置好相关的考核模式及核算方式，如考勤部分、课前预习部分、课上互动部分、课后作业部分等，考核者只需要将预期考核内容导入相关考核模块并发布，被考核者的完成情况会生成相应的数据，呈现结果。结果的呈现是多维的，不仅呈现学生个体的学习情况，以数据"描绘"学生个体在课程学

习过程中的画像，还能够将被考核者置于班集体中，进行横向比较。除了在虚拟课堂中完成的任务，在线下课堂，也可以利用这些App在课上进行实时互动，如以发弹幕的形式进行观点讨论，这样就形成了较为简单的课上与课下、线上与线下相结合的考核模式。

在实体课堂仍是主流的当下，自媒体平台、App等能够完成一些过去难以完成的任务，以其便捷性和易操作性大大提高了考核效率，可以说是大数据介入考核工作的一个过渡。但是，其本质是借助工具来满足考核者考核需要，且当前对这些移动平台的使用是孤立的，整个考核过程未形成系统化的大数据考核流程。

2.基于智慧课堂等智慧平台的考核

如果说自媒体、App等平台的运用以提高考核效率为主，信息化课堂带来的考核模式将在一定程度上实现质的提升。所谓智慧平台，既不同于慕课等线上课堂全程的虚拟化，也不同于使用移动平台的传统课堂，而是以实体课堂为载体，以信息技术为手段，实现教学全过程的数字化、智慧化。北京师范大学黄荣怀教授、华东师范大学祝智庭教授、东北师范大学钟绍春教授等一些学者对智慧教育发展提出了很多建设性的观点。以"智慧课堂"为例，祝智庭教授指出智慧课堂是以新的智慧教育理念为指导，借鉴翻转课堂实践经验，在提高学习资源质量、优化教法、精准教学、创造智慧学习生态、提升教师信息化教学能力等多方面有所突破[①]。具体来说智慧课堂是基于物联网技术构建智慧教室，利用电子书包开展智慧教学，基于云计算和网络技术搭建智慧课堂的大数据课堂模式，实现教学的智能化、移动化和个性化[②]。而考核作为其中的关键一环，也产生了智慧考核模式，智慧考核的核心在于实现全过程考核、实时评价和及时反馈。突出表现在建立电子档案袋的考核模式，

---

① 祝智庭.智慧教育新发展：从翻转课堂到智慧课堂及智慧学习空间[J].开放教育研究，2016,22(1):18-26,49.

② 孙曙辉,刘邦奇,李新义.大数据时代智慧课堂的构建与应用[J].中国信息技术教育,2015(Z1):112-114.

将考核者的教学过程及学生反馈等载入教学电子档案袋，同时将被考核者学习参与过程如完成课程任务情况、线上讨论参与情况、发表的观点、考核者评价反馈等纳入学习档案袋。电子档案袋注重考核数据的积累和分析，能够有效满足考核的过程性、即时性和历时性的要求。

具体实践中，许多高校尝试建立了智慧教室等相关大数据应用平台并运用于教学。如上海交通大学结合"互动、共享、双创"等理念，对传统教室进行升级，玻璃黑板、白板、Miracast 和 airplay 无线投屏等设施实现了课堂互动的便捷化、教学过程的可视化。中国民航大学建立的智慧教室能够实现小组广播、动态批注、抢答、分组教学等功能，提高了教学效率，其外国语学院更是实现了使用的常态化。华南师范大学不仅尝试建立了创新学习空间，还建立了教师教学技能实训中心，为培养师范生智能教学提供场所，为教学研究提供便利。在高校思想政治理论课教学领域，桂林电子科技大学尝试了用易班进行"形势与政策"课教学，并创造性地提出了易班教学模式，如借助网络爬虫技术挖掘出大学生思想、舆论、兴趣等情况并反馈给教师，实现有针对性的思想政治理论课教学[①]。这些尝试证明智能设施在信息收集、课堂互动、反馈等领域具有突出的作用，其可视性、智能化和即时性的特点对考核过程大有裨益。

二、大数据运用于高校思想政治理论课考核的积极作用

大数据运用于高校思想政治理论课考核有如下积极作用。

（一）切实提高考核效率

在大数据相关技术的帮助下，教师只需要做好育人工作，包括发布信息、授课、互动等，而其过程中数据的收集、存储、分析等由相关平台自动发布到移动端，"大课堂"也不再是思想政治理论课的难点，甚

---

① 胡启明.大数据视域下思想政治教育研究反思[J].思想理论教育,2020(4):75-80.

至可以成为优势。对于被考核者来说，课程学习的过程也是考核的过程，需要全身心地投入其中，实现与考核者的实时互动，这些数据都会被记录而无额外的考核负担，这也是效率提高的体现。大数据的关联技术能够从杂乱无章的信息中快速找到相关关系，不断优化考核结构，这在一定程度上能够进一步丰富考核的内容和目标。而且高校思想政治理论课教师大多承担相应的科研任务，这也是消耗教育者精力而无暇顾及课程质量的原因之一。大数据平台能够提供多元、真实且庞大的数据甚至相关关系的分析结果，在帮助考核者了解学生动态的同时，也能够成为考核者研究考核对象或思想政治理论课等课题的一手素材，真正实现在实践中发现真理。从这方面看，大数据相关平台的应用对考核者和被考核者来说都是时间和精力上的解放，对提高思想政治理论课教学实效具有重要意义。

（二）强化过程性考核思路

当前的各种相关技术的运用，将"线上"与"线下"考核相结合，打破了考核的时空限制，也突破了只能分析结构化数据的传统考核思维，更多的考核形式成为可能，过程性考核思路进一步强化。如通过记录被考核者在课前的准备情况可以衡量其学习态度，通过对其课上课下观点的表达可以考察其知识掌握程度、价值观、思维逻辑能力，通过课上课下组织的讨论活动参与的情况可以观察其小组合作和表现情况。更重要的是，每个被考核者的参与过程都是可视化的、被记录的，而且能够直接生成分析数据，从而有助于对每个被考核者的整体把握。这在只有实体课堂且只能分析文本数据的传统考核过程中无法实现。

（三）突出个性化教与学思路

个性化教与学的前提是对个性的认知，进而进行有针对性的学习和教育。相关大数据平台的运用有一个明显变化，即个人学习数据的可视化。传统高校思想政治理论课考核过程一般是单向传输过程，从"教

大数据时代高校思想政治理论课教学改革与创新研究

学"到"行为"到"结果"的匹配与否，反馈被忽视，考核的导向、诊断、激励等功能无法发挥。如果说传统的思想政治理论课考核在某种程度上仅仅是为了以分数来衡量被考核者，强调被考核者之间的横向比较，数据可视化带来的有效反馈则增加了纵向上的自我认识，更多的是自己与自己的较量。

数据可视化给被考核者带来了科学的自我认知途径。人们如何认识自己，其中也蕴含着考核的内涵。考核的结果——成绩，一直扮演重要的角色，这在基础教育中更明显：似乎分数较高就表示自己比别人优秀。这种形而上地看待考核结果的方式一直是人们主流的评价乃至认识自我的方式。而这种观点也被延续到了高等教育中，尽管高校在努力地证明分数并不是衡量学生是否优秀的唯一标准，但无论在哪方面的评价中，分数又是绕不开的话题。而这种横向比较带来的问题是："与优于自己的学生比较时，会觉得自己是'大池塘里的小鱼'，导致较低的自我评价；与劣于自己的学生比较时，会觉得自己是'小池塘里的大鱼'，导致较高的自我评价。"①但是现在的考核不仅仅是对结构化数据的分析，也有非结构化信息的参与，涉及的内容更加丰富，能够观察到更多细微的行为甚至是思想，能够敏锐地捕捉到在平时的学习或者生活行为中的一些细微的改变作为评判进步与问题的依据，而这些恰恰都能够成为被考核者认识自我的素材，体现了"以被考核者为中心"的考核理念。

大数据反馈功能的发挥给考核者带来了有效的教学反思途径。考核者与被考核者的互动不仅表现在教与学的过程，也表现在学的结果对教的反馈过程，这种"双回路"型的考核反馈，真正实现思想政治理论课教学的动态化调整，如智慧课堂考核中考核者教学电子档案袋的建立，帮助考核者反思自己的教学过程，并进行改善，使教学更加符合受教育者的个性化需要，为个性化教学提供教与学的素材。

---

① 郑治国,刘建平.认识你自己:自我建构理论相关研究述评[J].福建师范大学学报(哲学社会科学版),2018(1):163.

三、大数据运用于高校思想政治理论课考核中存在的问题

尽管当前大数据运用于高校思想政治理论课考核具有一定的优势，但同时也要看到其发展过程中潜在的问题。

（一）缺乏系统化建设问题

系统的大数据运用平台需要学校管理层的介入，需要引进专业的数据处理团队来建立数据库平台，这个过程需要多方面联动，无论是对人力、物力、财力都有系统组织的要求。

一方面，大数据平台的建设本身是牵一发而动全身的系统工程：为保证被考核者数据收集的统一性，保证数据的互联互通，统一的数据共享平台是基础工程，无论是移动端的 App，还是校园数字化平台等各种校园智能终端都需进行统一设计和创建；为保证数据收集过程的简单性，方便考核者和被考核者操作，设计流程不能太过复杂；为保证数据安全性和隐私性的保护，必然要加大安全建设投入和相关培训，保证平台的常态运转……这些都是在平台设计过程中需要兼顾的问题。而在实际操作过程中，这些问题只是在思想政治理论课考核过程中需要考虑的问题，大数据平台的建立不可能只是为了思想政治理论课考核一个目的，而是要能够运用到校园生活的各个方面，那么需要考虑的问题更多，技术性要求更加复杂。尽管当前我国高度重视教育信息化建设，各高校也在不断加强信息化基础设施建设，但从现状来看，主要是综合实力较强，或者大数据、信息化等相关专业较强的高校较为重视，从整体上看普及率较低。即便是这些率先尝试的高校，对于大数据相关平台的建设仍然处于试验阶段。许多高校已经开始尝试将大数据与高校思想政治理论课教学相结合，建立相关的平台如教案数据库、教学数据观测点，推行"电子终端"考试等，以期实现教学、考核等智能化[①]。

① 胡启用.大数据视域下思想政治教育研究反思[J].思想理论教育,2020(4):76.

另一方面，大数据平台的运用也是系统工程，需要考核者和被考核者产生良性互动，两者对新技术的适应程度关系到系统化建设。正如智慧课堂建设过程中出现的问题，大数据技术对教师来说完全是一个新兴的领域，这个领域具有非常复杂的操作流程和专业技术水平要求，单靠考核者自己是不可能完成的。尽管许多便捷的智能平台逐渐被开发出来，许多教师都开始将其运用于课堂，但是从全国范围来看，无论是国家还是各高校都未提出明确的规范化的使用要求，这些技术的使用完全是教师的自发行为，大多集中在年轻教师身上，与技术日新月异的发展现实并不同步。从技术使用情况上看，大多数使用只是停留在简单功能上，缺乏深入发掘。如部分思想政治理论课堂中，蓝墨云、微助教等主要用于课堂考勤，而其他方面如互动功能、反馈功能仍未充分利用，线上收集的数据非常有限，对其他各项分数的统计仍是非常庞大的工作量。对被考核者来说，要全身心投入课程中去，参与互动，并需要发挥主观能动性，这与传统的将考核视为一次性考试的习惯相悖，被考核者也需要一定时间来适应。考核者与被考核者的态度也关系到大数据平台系统化建设的顺利开展。

（二）伦理上的隐私侵犯问题

大数据特性使人们对大数据是否会侵犯人的隐私权以及数据安全等问题存在较大争议。数据泄露、隐私安全已经成为大数据最大的隐患，至少在商业领域，已经有企业因泄露用户数据在社会上引起了恐慌，进而产生伦理上的争议。产生伦理问题的根本原因在于大数据海量信息的收集和可视化与人注重自身隐私的天性相矛盾。大数据考核过程中，大量数据的记录和存储，也会带来类似问题。

运用大数据进行思想政治理论课考核，需要收集高校学生的日常数据，对被考核者进行全方位多角度的数据收集，并强调数据在考核平台中的共享，以便掌握更多数据和信息来对被考核者行为进行准确把握。例如将被考核者日常无意识行为数据进行收集和分析，这时被考核者的隐私被刻意记录下来。这些数据是每位学生在校期间生活痕迹的集合，大数据试图将这些痕迹变成可视化的数据分析结果，更加真实地保证教育者对于受教育者有更加全面准确的认识。但若不注意数据隐私的保护，这些数据也可能成为不法分子利用的工具。数据一旦成为能够谋取利润的资源就会成为被交易的工具，甚至会披上数据共享的外衣，为日后大数据技术的普及带来安全隐患。

（三）对工具的过度依赖问题

尽管大数据功能还未完全发挥，但处理好人与工具之间的关系一定是未来大数据普及后面临的难点问题。先进的技术工具确实能够在某些人类无法到达的领域有所建树，但片面注重效率性和规范性又可能落入"工具理性"的陷阱，忽视人的价值性。

大数据技术在思想政治理论课考核领域的应用以提高考核工作效率和质量为直接目的，以完善考核细节、提高教学科学性为间接目的，这个过程始终将课程推进作为工作的中心，而大数据技术只起到辅助作用。但在现实操作中，考核者与被考核者在运用大数据过程中如果无法摆脱对工具的依赖性就会产生问题。首先，将大数据运用于思想政治理论课考核之中意味着手机、网络在课堂上的大量应用，在发挥其强大功能的同时也在制造诸多诱惑，受教育者的课堂注意力、学习专注性等受到挑战，会不会造成事倍功半的后果？这是可能面临的问题。其次，思想政治理论课考核收集到的海量数据作为被考核者的课堂表现、日常行为等痕迹留存下来，这些旧有数据如何处理？人在不断自我提高和改善的过程中会遗忘过去，这是人类在适应、生存、发展过程中形成的本能，而大数据的记录存储功能意味着实现了过去信息的长期保存。最后，大数据时代考核的预测功能能够发挥前所未有的作用，尽管这个预测是建立在海量数据基础上并且是个性化、精准化的"量身定制"，但在还没有变成现实的今天，这种"量身定制"是否也限制了被考核者未来发展的可能性？片面依赖于数据预测提供的路径模型，而自身的创造力、在挫折中获得真理等能力在逐渐被消解，人的价值性是否会失去根基？这都是需要反思的问题，也是大数据时代优化高校思想政治理论课考核的重要方向。

第三节　大数据时代高校思想政治理论课考核创新策略

一、拓展大数据思维，树立思想政治理论课考核新思维

考核者考核思维的变革是一切变革的前提。舍恩伯格认为大数据时代对人类的主要贡献在于它深刻地改变了人们的思维方式，主要表现在三个方面：第一，不再依赖于随机采样；第二，不再片面追求精确度；第三，不再热衷于寻找因果关系①。

（一）树立"全数据"考核思维

大数据时代，考核者首先要确立"全数据"考核思维。因收集足够数量的信息以及分析海量数据具有不可实现性，随机抽样是较科学的研究方法，通过预设结论，再进行抽样调查来印证是否符合假设。高校思想政治理论课考核过程也是如此，"大课"的教学模式特点使考核者在无外力帮助的情况下无法兼顾到所有被考核者，所以对于如课堂表现的考核往往采用的是随机提问的方式，由学生自觉或点名的方式来进行抽样考核，从而来了解学生的观点和他们的思想动态、知识点的记忆程度等，这种方式具有随机性和不确定性。

大数据时代，足够强大的信息收集能力和数据处理技术能够近乎全面地收集到各种信息，如同经济学中的边际效应递减一样，当数据的数

①维克托·迈尔-舍恩伯格，肯尼思·库克耶.大数据时代：生活、工作与思维的大变革[M].盛杨燕，周涛，译.杭州：浙江人民出版社，2013：29.

第八章　大数据时代高校思想政治理论课考核的改革与创新

189

量到达某一个值时，多余的数据能够提供的信息量会逐渐减少。大数据技术能够处理的数据完全能够达到全体数据的边际值，这个时候，大数据就是全体数据。树立"全数据"的考核思维，要求考核者在考核过程中能够了解所有学生的学习状态和真实的思想面貌。"全数据"考核思维要求为被考核者提供能够自由发表观点和想法的平台，并保证及时反馈给考核者，以提高思想政治理论课教学的针对性。

（二）树立数据挖掘考核思维

在人们只能处理少量数据时，从最少的数据中获得最多的信息量，以最客观的视角去分析数据，减少因主观偏见带来的误差从而提高精确度是研究的主要思路。传统的思想政治理论课考核也是希望用数字来反映考核结果，这个数字从一开始仅仅是一张卷面成绩到一串复杂的百分比组成的数字，精确性有了但效果并不理想。问题在于单一数字无法提供有效反馈，分数的高低只能用来横向比较而无法纵向提升，考核者与被考核者无法获得有效信息从而改善自身情况。

而在大数据时代，数据挖掘考核思维要求重视对复杂信息的收集和挖掘，不关注最终结果，而关注挖掘过程中所反映的信息，可能并非完全准确无误，但足以用于认知和分析。这促使考核内容和方式更加多维，质性评价增多，相对来说，数字的精确性要求降低，更能实现对被考核者的全方位认知。

（三）树立相关性考核思维

大数据时代人们思维的转变还体现在对相关关系的重视。追求因果关系是人类的惯性思维，这种思维模式也是人类追求真理、发展创新的力量源泉，但因果关系并不总是显而易见或独立的。在思想政治理论课考核过程中，对因果关系的追求使教育者专注于寻找受教育者分数低的原因，试卷难度、受教育者学习态度、教育者的课程设计等都可能成为原因，但这些分析往往只是流于表面，而未关注深层次的或者课堂之外的相关因素。

相关性考核思维淡化了对因果关系的追求，转而有意识地挖掘海量数据中的相关关系，寻找其中有价值的关系或规律。每一位受教育者身上都存在着大量被忽视的信息等待着被分析和评价，学生在学校的学习生活、人际交往，甚至是在网络这个虚拟空间中的一言一行都应与思想政治理论课相连接，思想政治理论课的实效性与这些数据有着或多或少的相关性，对这些相关性的挖掘，不仅能够及时反馈受教育者的学习成果，也能找出受教育者存在的问题。当然在实际操作过程中，必然会出现各种复杂的情况，比如对情境的把握、受教育者的态度等都会影响挖掘效果，但与传统考核相比，它能够提供更多信息，提高考核结果的客观性和真实性。

二、了解大数据技术，把握思想政治理论课考核基本步骤

大数据时代高校思想政治理论课考核的顺利开展，离不开大数据技术的支撑。宏观上，大数据技术运用主要可分为两大类：数据存储和数据应用。数据存储涉及数据库、云存储和分布式存储，数据应用涉及数据挖掘、管理、统计分析、并行计算、分布式计算等[①]。随着大数据技术的不断发展和完善，在应用过程中产生了各种数据处理技术。这里只简单地列举思想政治理论课考核过程中可能运用到的技术。

（一）数据采集和存储技术

数据收集本身并不是新事物，但是大数据的"大"就体现在其数据之多之杂。人类在世界上生存必然会留下痕迹，这些痕迹构成了一个人的生存数据，对于这些数据的收集需要明确两点：第一，这些数据的类型。现在普遍将数据的类型分为结构化数据、非结构化数据以及半结构

---

① 周英,卓金武,卞月青.大数据挖掘:系统方法与实例分析[M].北京:机械工业出版社,2016:6.

化数据，不同类型的数据处理方法可能有所区别。第二，在数据采集过程中不可避免地涉及数据存储的问题。当前的数据存储以分布式存储为主，比如通过云技术将不同的移动终端通过网络相互连接，从而使信息得以在不同的计算机中存储而又互联互通，这是当前进行数据采集和存储的主要手段。

数据采集和存储是人们利用大数据资源的第一步。充分保留受教育者的学习信息，是对高校思想政治理论课进行科学考评的重要基础。如果大数据采集技术能够应用于受教育者的整个学习过程，借助数据采集终端，教育者可以获得所需的考评指标，丰富的信息足以充分反映被考核者的真实情况。

（二）数据挖掘和数据分析技术

数据挖掘是指从大量不完全、有噪声、模糊、随机的实际应用数据中，提取隐含在其中、人们事先不知道，但又潜在有用的信息和知识的过程。简单来说，数据挖掘就是从纷繁复杂的数据仓库中挖掘出人们之前未注意到的信息和知识，所以其又有知识发现（Knowledge Discovery，KD）之称，相关方法以人工智能、机器学习方法为基础，以数据库为研究对象，结合传统的统计分析法、模糊数学方法以及科学计算可视化技术，形成各种算法[①]。从高校思想政治理论课考核方面来看，利用数据挖掘技术，海量的受教育者信息不再是无用的数据，而是成为发现深层问题的素材，丰富的考核数据能够充分反映学生的真实情况。当前有很多能够实现数据挖掘的技术，如 K-means 聚类算法、Apriori 关联算法。关联算法之所以重要是因为它是在没有预设的情况下挖掘数据与数据之间的关联性，它利用频繁集项的先验知识，可能得到我们意想不到的行为关联，这也是大数据考核的魅力所在。聚类本质上就是根据信息的相似性进行信息分类，虽然"世界上没有两片完全相同的树叶"，但也有"物以类聚，人以群分"之说，对于相似的或者相近的信息，可以

[①] 姚玉阁.探究数据挖掘技术在教学工作中的应用[D].呼和浩特:内蒙古大学,2011.

分类进行相应的分析，这是聚类分析能够完成的任务。

数据分析是最后的分析阶段，是对"知识发现"的进一步深入挖掘。数据分析技术也是日新月异，分析数据不仅能起到发现问题的作用，还有着预测未来的能力。这种预测能力是通过对足够大的数据进行分析而得出规律的，尽管很多时候人们找不到二者的因果关系，但是足够大的数据反映出的相关关系足够人们预测将来可能会出现的状况。这种能力已经被用于市场预测中，如电商平台通过大数据找到两个商品之间的关联性以便及时向顾客推送相关商品从而刺激消费。运用大数据的相关关系，考核的功能将发生重大变化。利用MapReduce工具，能够实现将一堆杂乱无章的数据根据某种特征进行归纳，分析出有意义的结果。而这个"特征"设置是关键。从思想政治理论课考核的角度，应该选择什么样的数据分析技术，要根据考核者和被考核者的需要进行恰当的创新和设计，这也是需要专业的大数据团队介入的重要原因。考核者和被考核者显然无法掌握这些复杂的技术，大数据相关功能的开拓还需要大数据工作者们进行相应的开发和简化，就像人工智能的"黑盒子"，考核者和被考核者并不需要知道其中的原理，只需要学会使用。

三、明确思想政治理论课考核目标，形成课前课中课后联动

在大数据时代，高校思想政治理论课考核超越了课堂限制，课前课中课后联动、虚拟化课堂的开辟、对考核数据的重视以及整个考核过程的智能化，使思想政治理论课的教学场域更加立体化。

（一）课前考核：寻找差异

大数据时代考核的第一步，是在课前利用考核达到认识受教育者的目的。这一认识既表现在对受教育者各方面的初步了解以提高思想政治理论课的针对性，也表现在对受教育者差异的认知，实现差异化教学。

高校思想政治理论课教学以培养什么样的人、怎样培养人以及为谁

培养人为根本问题，人或者说学生是一切工作的落脚点，是核心和关键。提高高校思想政治理论课的针对性，就要从学生实际出发，想学生之所想、解学生之所惑。那么第一步必然是对学生的实际所想、所惑进行初步的了解，同时了解受教育者之间的差异，这是提高高校思想政治理论课教学针对性的前提。

课堂教学时间有限，无法针对学生差异做出动态调整，因此认识差异的测查应在教学之前的虚拟课堂进行。每节课前，借助于互联网将课程的一些重点问题提前进行测评，无论是知识类、态度或价值观类，都可以用各种诸如选择、简答等形式呈现出来，让学生在有限的时间里完成课前的测试，系统以最快的速度呈现给教师每个问题的正确率或合格率，从而让教师了解学生对知识的掌握情况。从技术上来说，大数据的可视化技术能够有效地分析学生的回答情况，进而通过诸如图表、矩阵等方式对教学对象从学习期望、学习兴趣等方面的差异性进行分层次呈现；云计算技术的学习和诊断分析服务，能够深入分析全体学生测试的表现，从横向和纵向展开分析，精准找出学生的问题，掌握整体学生的学习情况等。而在这一环节中，教师只需要将问题及时发布，关注结果并进行归类，就能够充分认识学生，进而进行针对性的教学安排。

（二）课中考核：即时反馈

思想政治理论课实效性的发挥关键在于课堂效果。因课时紧、内容多，当前的思想政治理论课堂讲授容易变得枯燥，学生的参与度和获得感无法得到充分展现。大数据技术助力下的思想政治理论课教学，尽管在形式上教育者与被教育者仍然是一人对多人的关系，但是教育者能够摆脱时间限制，运用大数据挖掘技术，实时了解学生的学习状态和学习态度，多方位、多角度搜集学生课堂参与数据。如在课堂上，教师每发布一个问题，所有学生都可以通过互联网将自己的答案及时上传给教师，借助于大数据的数据分层功能，教师可将考核对象的答案进行分层实现聚类建组，从而使被考核者的分类分组清晰化，再针对不同的层次，将有代表性的几个答案反馈给教师，使其能够进行实时点评，解答学生的困惑。其他数据也会留存在被考核者的个人数据库中，成为最终考核结果的一部分。这样，每一位被考核者都是课堂的参与者，都留下了课堂参与的痕迹，也丰富了个人数据库。

（三）课后考核：科学评价

高校思想政治理论课的最终教育目的是培养有理想、有道德、有文化、有纪律的人才，而这一目标的达成必然是一个长期的过程。但是思想政治理论课本身属于阶段性教育，这就使思想政治理论课程考核的任务更加繁重，即它不仅需要考查学生对课程内容的掌握度，还要考核学生在价值观念等方面与教育目标的匹配度。对其道德实践的考核是重要方面。在这一环节中，最重要的是考核中"核"的功能的发挥。无论是考核者课后留下的作业，还是被考核者在课后的行为改变，抑或是最终的期末考核，都属于课后考核的范畴。与传统的课后考核不同的是，新的考核模式是有重点地进行考核，如果说课前考核的重点是起到认识的作用，是由考核者主导的考核过程，课中考核是以考核者与被考核者为主体，大数据作为工具来实现高效、即时反馈，那么课后考核的重点则在于评价。即评判被考核者是否达成课程目标并有所改变或收获，判断被考核者能否恰当处理与课程相关的现实问题等。

从技术上来说，借助于数据共享平台，考核者能够看到被考核者在校的行为表现，比如图书馆出勤率、校园卡消费、体育锻炼、活动参与等各种零碎信息，借助于大数据配套技术对相关信息进行进一步的挖掘和分析，可以生成考核对象日常行为分析报告。在这个过程中，数据采集、数据挖掘、数据清洗、建立数据算法等，都是需要掌握的技术手段，也是完全意义上的大数据技术的联动。对海量信息的挖掘能够进一步找到数据背后的隐藏价值，甚至具有预测功能，通过分析现有数据来预测被考核者未来的行为，具有警示的作用。

四、结合大数据优势，设计高校思想政治理论课考核系统化方案

明确了大数据运用原则和思想政治理论课考核目标，考核体系具体应该如何搭建呢？具体来说，主要分为三个阶段：数据收集、数据处理和结果反馈。

（一）数据收集：系统化信息录入阶段

数据收集阶段是整个课程考核过程的关键，海量数据的存储和即时分析技术在这一阶段发挥了重要作用。这一阶段需要完成两个目标：一是收集课程学习相关数据，为最后的考核结果准备素材；二是完成即时反馈，保证课程科学有效进行。

1. 依托于 App 等移动终端实现课上课下联动

在高校课堂，每一位学生都有自己的智能移动设备（如手机、平板电脑），考核者和被考核者只需要在移动设备上下载 App，就能够实现师生互动以及数据的实时对接。

在课前，借助于 App，教师可以根据课程内容发布通知、分享资源以及进行测试。以思想道德与法治课为例，在进行绪论部分课程学习之前，借助于一些虚拟课堂 App，教师可以设置一些问题，如对新时代的理解，进入大学后对自己专业的憧憬，当前大学生活或者学习等方面面临哪些困惑等，对学生情况进行摸底。教师也可以布置一些任务。学生在 App 上登录，接收考核者的问题，并进行相应的回答和完成任务。其结果作为个人学习库中的行为痕迹，成为被考核者数据库的重要数据来源，也可借助 App 中的统计、分布式数据分析功能，对学生的结构化或非结构化的数据进行及时处理，生成简单的学生差异层次，比如对新时代的理解，有多少人认识比较全面，有多少人认识较为片面等，从而使考核者了解被考核者之间的差异，把握课程重点，提供有针对性的教

学。如此，即便是在学生与教师还未见面的情况下，数据收集实际上便已经开始。

在课中，借助于App，考核者可以组织签到；在互动时，考核者可以在App上列出问题，组织讨论答疑、头脑风暴等活动，学生在上面写下自己的观点，教师可以将典型的几类观点进行归类分享，再进行讨论。同样以思想道德与法治课的绪论部分为例，为了使学生明确理想信念，做有理想有担当有纪律的时代新人，教师可以在App上设置头脑风暴，以新时代特征为背景，以学生自身专业或者自己希望从事的事业为基础，想象自己在未来走上工作岗位后可能会做出的成绩。所有人在App上进行分享，这样每个学生都能够参与其中，提出自己的观点和看法。这些数据也会即时反馈给教师，教师可以分享和评价一些答案，从而进行人生观、价值观的引导。当然这些互动数据也会成为被考核者数据库中的重要数据资源。

在课后，同样借助于App，考核者能够布置作业，如对本堂课的感受，在课程中的收获等，并及时获取被考核者的完成情况。对于被考核者课后的疑问，考核者也能够迅速答疑，并进行即时的表扬和奖励，使授课不再局限于课堂之上，整个课程更加立体化。

2.依托于校园数字化平台实现数据共享

思想政治理论课的特殊性使得教育者对受教育者的关注不能局限于课堂上，恰恰是在生活的具体实践中才能够更好地反映学生的真实状态。在当前的高校中，到处都是数字化的影子，学生的饭卡、出入体育馆或者图书馆的记录、缴费等都是通过校园数字化平台进行，相应地，就会留下校园生活的数字痕迹，可以称之为"学生校园行为数据"。尽管这方面的信息非常杂乱，不成体系或者没有什么导向性，但是作为学生日常行为实践的产物，它们可以说是反映被考核者真实情况的第一手资料，是高校思想政治理论课程考核的重要组成部分。以思想道德与法治课为例，作为一门典型的"使人成为人"的课程，必然要实现教学过程与修身过程的统一。这个修身过程主要表现在日常行为中，如学生出入图书馆、体育馆的情况，勤工俭学情况，校园消费情况，社团活动参与情况，讲座出席情况等，这些基本可以描绘出一个学生的大致校园生活，那么借助于这些数据，能够大致衡量出学生在校的基本状态。所以说借助校园数字平台，开通相应的数据共享平台，将被考核者的日常行为数据纳入被考核者数据库中，既能够丰富个人数据库的资源，也能为充分发掘数据价值做准备。

（二）数据处理：挖掘分析阶段

数据处理阶段是对学生个人数据库进行数据清洗、挖掘和分析的过程，这个过程是将杂乱的数据转化为有价值的信息的阶段。作为数据提供者的被考核者在这一阶段不需要参与，而考核者也不再占据主导地位，作为大数据技术应用的关键阶段，需要的是专业的数据处理队伍发挥其作用。具体操作步骤如下。

大数据处理团队需要将反映被考核者日常学习情况的 App 数据库，反映被考核者日常行为情况的校园数字化平台等多来源的数据进行导入，并对数据进行预处理。预处理的过程包括数据清洗和分布式存储。数据清洗的目的是清理出绝对关联项并为数据信息加上一层"保险"，保证数据的安全性。数据的分布式处理使得数据能够按照一定的层次整齐地存储。将处理好的数据保存在建立好的被考核者数据库中，保证整个数据库井然有序。之后利用 K-means 聚类算法、Apriori 关联算法进行相应的数据挖掘，尽可能地找到数据之间的关联项，并能够将学生信息的挖掘结果进行相似性的分类，帮助考核者大致了解被考核者的一些最基本的情况。最后，考核者需要预设与本课程相关的想要了解的项目。比如对于思想道德与法治课考核者，需要收集被考核者在思想道德与法治课过程中的数据信息及参与程度还有在平时生活中如在体育锻炼、学习频率、与人交往、活动参与等各个方面的数据，可以列出列表作为数据分析的依据。

（三）结果反馈：价值实现阶段

结果反馈阶段是将最终的数据处理结果进行反馈的过程，这个过程是考核者和被考核者的双向互动过程。与传统的考核方式不同，考核结果将不再是一个简单的数字，而是对与课程相关的行为表现的总体评价。结果反馈需要完成三项任务：第一，将结果反馈给考核者，达到教育评价和教育预测的目的。对考核者来说，考核的直接目的是帮助被考核者取得进步，而提高的过程离不开考核者的科学评价和引导。根据数据处理结果进行相应的评价，能够保证评价依据的真实性，从而确保评价结果的科学性。如果在复杂的相关关系中可以对被考核者的未来行为进行预测，从而做出适当的干预和引导，发挥预测功能，则是教育功能的深度展开。第二，将结果反馈给被考核者，达到科学认识自我，查缺补漏的目的。作为考核过程的主体，考核过程既是表现自我的过程也是认识自我的过程，它的最终目标是帮助被考核者认识自身的优点与不足，从而有针对性地采取措施，促进其进步和发展。在当前，高校大学生自我认知的渠道并不多，而大数据作为科学的分析技术，能够从杂乱的日常数据中找到被考核者行为的关联性，这无疑能够帮助被考核者达到理性认识自我的目的。第三，考核结果的反馈，能够实现教育反思的目的。考核者进行考核的间接目的是检验被考核者的学习效果，被考核者进步、退步或者未发生变化都是可能存在的事实，而学习的最终效果关系到课程是否发挥实效性。结果反馈的过程也是师生进行最终互动的过程，被考核者可以通过对话、线上发表观点等方式对课程学习做出反馈，考核者可以通过对考核结果分析和被考核者的反馈进行一定的整理，找到课程设计过程中的盲区，从而在下次备课中进行相应的调整以完成教育反思，实现课程优化。

这个过程可以说是最终效果的验收阶段，也是对考核端和被考核端互动效果的检验阶段，如果不能完成以上三个任务，可以说一系列的操作都是无效的。无论是考核者还是被考核者，在这一阶段都发挥着主体作用。

　　总之，完全意义上的大数据考核过程必然是一个系统工程，考核过程中所有的工具包括App、校园数字化平台、被考核者数据库等全部实现互联互通，只有这样才能实现课前—课中—课后考核三阶段、数据收集—处理—反馈三步骤中的数据共享，保证其价值实现。这个过程中蕴含着以被考核者为中心、大数据相关平台为工具、注重考核过程性、强调互动反馈等考核理念，以期实现思想政治理论课考核目标的双重性，考核内容的多元化，考核过程的可视性，考核结果的双向反馈等目标，进而提高教学实效性。这些都在一定程度上有助于考核效率和考核思路两个层级的问题的解决，也兼顾了大数据应用过程中的系统化、伦理隐私安全保护和合理运用工具的要求。但这并不意味着能够解决考核的所有问题，当前实际能力与理想的大数据考核之间还存在着差距，即便能够真正实现系统化的大数据考核，也会随之带来新的问题，比如对于第三层级的问题现在还没办法把握，需要结合高校思想政治理论课自身特点和时代变化特征不断优化。

　　在大数据发展蒸蒸日上的当下，大数据与高校思想政治理论课的结合也处于不断尝试阶段。本书结合相关实践和研究成果总结了运用大数据进行思想政治理论课考核的现状，并分析了其优点和问题：对于思想政治理论课教学过程、教育者和被教育者来说，考核的作用发生了翻天覆地的变化，它能发挥优势，切实解决问题；但其系统化建设问题、使用过程中隐私保护问题、对工具的过度依赖问题等都可能成为其发展道路上的障碍，需要进一步反思和改善。基于以上分析，本书设计了一套蕴含考核理念的思想政治理论课考核方案体系，以考核者和被考核者为主体，辅之以大数据处理团队进行大数据技术指导，以课前、课中、课后的考核作为逻辑进程，以数据的收集、挖掘、分析、反馈为主要步骤，以推进系统化建设为目的，形成了大数据时代背景下高校思想政治理论课考核的策略。

主要参考文献

维克托·迈尔-舍恩伯格,肯尼思·库克耶.大数据时代:生活、工作与思维的大变革[M].盛杨燕,周涛,译.杭州:浙江人民出版社,2013.

涂子沛.大数据:正在到来的数据革命[M].桂林:广西师范大学出版社,2017.

董震,秦龙.高校思想政治理论课教学的课程特点与问题障碍[J].航海教育研究,2012(3):78.

骆郁廷.高校思想政治理论课程论[M].武汉:武汉大学出版社,2006.

马克思恩格斯文集:第2卷[M].北京:人民出版社,2009.

中国互联网络信息中心.CNNIC发布第51次《中国互联网络发展状况统计报告》[EB/OL].(2023-03-02)[2023-08-05].https://www.cnnic.net.cn/n4/2023/0302/c199-10755.html.

国务院.促进大数据发展行动纲要[EB/OL].(2015-09-05)[2023-08-05].http://www.gov.cn/zhengce/content/2015-09/05/content_10137.htm.

肖唤元,秦龙.论大数据与意识形态治理[J].社会主义研究,2016(2):23.

郎为民.漫话大数据[M].北京:人民邮电出版社,2014.

城田真琴.大数据的冲击[M].周自恒,译.北京:人民邮电出版社,2013.

陈军,张云德.高校思想政治理论课中的大学生主体性探析[J].思想政治教育研究,2011(2):83.

刘辉.大数据时代思想政治教育的微传播化[J].思想理论教育,2014
(6):83.

李怀杰,吴满意,夏虎.大数据时代高校网络意识形态建设探究[J].
思想教育研究,2016(5):77.

刘新庚.现代思想政治教育方法论[M].北京:人民出版社,2006.

陈志良.虚拟:人类中介系统的革命[J].中国人民大学学报,2000
(4):57.

杨现民,骆娇娇,刘雅馨,等.数据驱动教学:大数据时代教学范式的
新走向[J].电化教育研究,2017(12):13-20.

列宁全集:第28卷[M].北京:人民出版社,2017.

张奕卉.区块链技术重塑互联网内容生态研究[J].信息通信技术与
政策,2019(1):56.

蔡斌."微时代"高校思想政治教育课法治素养隐性教育的多维进路
探析[J].重庆文理学院学报(社会科学版),2019(3):126-133.

张子石,吴涛,金义富.虚拟学习社区的众包策略研究[J].现代教育
技术,2015(3):122-126.

毛泽东选集:第1卷[M].北京:人民出版社,1991.

中国社会科学院语言研究所词典编辑室.现代汉语词典[M].7版.北
京:商务印书馆,2016.

陈万柏,张耀灿.思想政治教育学原理[M].北京:高等教育出版社,
2015.

佘双好.思想政治理论课程教学法探析[M].北京:中国人民大学出版
社,2018.

石云霞,佘双好,夏桂明."两课"教学法研究[M].2版.武汉:武汉大学
出版社,2003.

顾建民.高等教育学[M].2版.杭州:浙江大学出版社,2014.

马克思恩格斯选集:第4卷[M].北京:人民出版社,2012.

陈仁涛.高校思想政治理论课教学实效性问题及其影响因素透视:基于H市七所高校调查数据的实证分析[J].高等农业教育,2017(3):58.

巴玉玺.大数据时代高校学生管理工作的创新思考[J].高校辅导员学刊,2018,(4):60-63.

马克思恩格斯选集:第1卷[M].北京:人民出版社,2012.

苏霍姆林斯基.怎样培养真正的人[M].蔡汀,译.北京:教育科学出版社,1992.

郑永廷.思想政治教育方法论[M].2版.北京:高等教育出版社,2010.

钟志贤.大学教学模式革新:教学设计视域[M].北京:教育科学出版社,2008.

李时彦.模型与模型化方法[J].哲学研究,1984(9):45.

托马斯·库恩.科学革命的结构[M].金吾伦,胡新和,译.北京:北京大学出版社,2003.

丹尼斯·麦奎尔,斯文·温德尔.大众传播模式论[M].祝建华,译.上海:上海译文出版社,2008.

冯克诚,西尔枭.实用课堂教学模式与方法改革全书[M].北京:中央编译出版社,1994.

丁证霖,赵中建,乔晓东,等.当代西方教学模式[M].太原:山西教育出版社,1991.

保罗·D.埃金,唐纳德·P.考切克,罗伯特·J.哈德.课堂教学策略[M].王维诚,等译.北京:教育科学出版社,1990.

高笑天.教学方法与教学模式[J].教育探索,1996(1):42.

吴立岗.教学的原理、模式和活动[M].南宁:广西教育出版社,1998.

赖志奎.现代教学论[M].杭州:杭州大学出版社,1998.

吴也显.课堂教学模式浅谈[J].教育研究与实验,1988(1):12.

赵红珍.大学生思想政治理论课教学模式探讨[J].中山大学学报论丛,2007(8):47-49.

张时碧,罗桂全.高职院校思想政治理论课教学模式改革与发展探析[J].世纪桥,2010(11):135.

吕春燕.民办高校思想政治理论课教学模式改革探讨[J].经济研究导刊,2012(34):286.

张志荣,薛忠义.试析高校思想政治理论课教学模式的整体架构[J].黑龙江高教研究,2013(4):110-113.

姜冰.试论高校思想政治理论课课堂教学的基本模式[J].思想政治教育研究,2006(5):104-105.

傅统先,张文郁.教育哲学[M].济南:山东教育出版社,1986.

翟楠.追求道德"至善",还是退守道德"底线"?:对当代道德教育的反思[J].华东师范大学学报(教育科学版),2010(1):16-20,35.

朱思鸣.基于大数据思维的数字化教学模式构建[J].微型电脑应用,2015(5):42-43,49.

范生姣.高校思想政治理论课教学与实践相结合的哲学思考[J].贵州社会科学,2008(9):38.

卡尔·罗杰斯,洪丕熙.走向创造力的理论[J].全球教育展望,1984(3):24.

王海啸,陈海.个性化教学大纲是教改成功的保证[J].中国外语,2014(2):10.

吴锋."大数据时代"科技期刊的出版革命及面临挑战[J].出版发行研究,2013(8):66-70.

陈雪强.大数据:教学评价模式的信息化探寻[J].教育导刊,2015(11):82-85.

王睿.大数据时代教学模式的变革[J].人民论坛,2015(36):172-174.

崔海英.大数据时代高校网络思想政治教育的价值维度与实现方式[J].黑龙江高教研究,2015(3):34.

武丹丹,白建军.主体性教育理论对研究生德育的启示[J].现代教育科学(高教研究),2008(2):80.

教育部社会科学研究与思想政治工作司.高校思想政治理论课实践教学的探索与思考[M].高等教育出版社,2005.

张森年.提高高校思想政治理论课实效性的思考与探索[J].清华大学学报(哲学社会科学版),2006(A2):136.

柳礼泉.大学思想政治理论课实践教学研究[M].长沙:湖南大学出版社,2006.

孟彩云.高校政治理论课实践教学方法探微[J].安阳师范学院学报,2004(6):85.

张国镛.思想政治理论课实践教学的基本涵义和基本方式[J].江南大学学报(人文社会科学版),2004(6):75.

阎占定.对高校思想政治理论课实践教学中相关问题的探讨[J].湖北社会科学,2008(11):179.

谢洪兰.高校思想政治理论课程实践教学含义和形式研析[J].中国市场,2008(22):125.

陈丽明.对高校思想政治理论课实践教学的思考[J].思想理论教育导刊,2010(2):70.

马克思恩格斯全集:第40卷[M].北京:人民出版社,1982.

赵浚.大数据创新高校思想政治教育方法的探析与应用[J].贵州社会科学,2016(3):121.

侯光文.教育评价概论[M].石家庄:河北教育出版社,1996.

B.S.布卢姆,等.教育评价[M].邱渊,等译.上海:华东师范大学出版社,1987.

马克思恩格斯全集:第42卷[M].北京:人民出版社,1979.

刘家访,余文森,洪明.现代课程论基础教程[M].长春:东北师范大学出版社,2007.

尚金鹏,付玉成.教育学[M].郑州:郑州大学出版社,2016.

王晶莹,杨伊,郑永和,等.从大数据到计算教育学:概念、动因和出路[J].中国电化教育,2020(1):86.

朱德全,吴虑.大数据时代教育评价专业化何以可能:第四范式视角[J].现代远程教育研究,2019(6).

谢爱林,徐玉莲,王新想.改革开放以来高校思想政治教育范式转换与发展[J].教育学术月刊,2020(5):54-59.

陈吉鄂,王丽慧,谢心遥.大数据时代的高校思想政治教育评价:第四研究范式的视角[J].教育学术月刊,2020(11):57-63.

李国杰,程学旗.大数据研究:未来科技及经济社会发展的重大战略领域——大数据的研究现状与科学思考[J].中国科学院院刊,2012(6):647-657.

朱德全,马新星.新技术推动专业化:大数据时代教育评价变革的逻辑理路[J].清华大学教育研究,2019(1):5-7.

艾兴,张玉.从数字画像到数字孪生体:数智融合驱动下数字孪生学习者构建新探[J].远程教育杂志,2021(1):41-50.

王英彦,杨刚,曾瑞.教育大数据背景下高职教学质量提升策略[J].中国职业技术教育,2020(14):61-66.

许莉萍,杨洁琼,吴传宇.基于"互联网+教育"的线上线下混合教学模式对大学生学习绩效的影响[J].中外企业家,2020(19):207-209.

李运山,肖凯成.高职教学绩效评价的现有形式、瓶颈问题与体系优化[J].教育与职业,2021(9):88-93.

刘博文,吴永和,肖玉敏,等.构筑大数据时代教育数据的新生态:国内外国家级教育数据机构的现状与反思[J].开放教育研究,2019(3):103-112.

聂文俊.高职院校教学质量保障与监控困境及应对[J].教育与职业,2019(17):41-44.

朱家存,王守恒,周兴国.教育学[M].北京:高等教育出版社,2010.

董玉来.高校思想政治理论课考核方法的改革与实践[J].思想理论教育,2011(7):58-61.

于明盛.高校思想政治理论课考试的性质与现状[J].思想理论教育

导刊,2009(11):76-80.

张焕庭.教育辞典[M].南京:江苏教育出版社,1989.

教育部思想政治工作司.思想政治教育原理与方法[M].北京:高等教育出版社,2010.

陈秉公.思想政治教育学原理[M].北京:高等教育出版社,2006.

黄韶斌.关于学生学习的过程性评价理论与方法探究[D].广州:华南师范大学,2005.

佘双好.关于思想政治理论课教学质量评价问题的思考[J].学校党建与思想教育,2018(13):14-15.

方展画.罗杰斯"学生为中心"教学理论述评[M].北京:教育科学出版社,1990.

郁晓华,顾小清.学习活动流:一个学习分析的行为模型[J].远程教育杂志,2013,31(4):20-28.

顾小清,张进良,蔡慧英.学习分析:正在浮现中的数据技术[J].远程教育杂志,2012,30(1):18-25.

郑隆威,冯园园,顾小清.学习分析:连接数字化学习经历与教育评价——访国际学习分析研究专家戴维·吉布森教授[J].开放教育研究,2016,22(4):8.

彭赓,李敏强,寇纪淞.组织学习与学习型组织研究[J].中国软科学,1999(12):118.

高章存.克瑞斯·阿吉瑞斯组织学习理论述评[J].经济社会体制比较,2006(4):129-133.

祝智庭.智慧教育新发展:从翻转课堂到智慧课堂及智慧学习空间[J].开放教育研究,2016,22(1):18-26,49.

孙曙辉,刘邦奇,李新义.大数据时代智慧课堂的构建与应用[J].中国信息技术教育,2015(Z1):112-114.

胡启明.大数据视域下思想政治教育研究反思[J].思想理论教育,2020(4):75-80.

郑治国,刘建平.认识你自己:自我建构理论相关研究述评[J].福建师范大学学报(哲学社会科学版),2018(1):163.

周英,卓金武,卞月青.大数据挖掘:系统方法与实例分析[M].北京:机械工业出版社,2016.

姚玉阁.探究数据挖掘技术在教学工作中的应用[D].呼和浩特:内蒙古大学,2011.

后 记

时代是思想之母，实践是理论之源。事物的发展脱离不了时代的孕育，也离不开实践的推动。信息技术对教育发展具有革命性影响，大数据技术的出现为现代教育提供了技术服务，尤其是物联网技术、云储存技术、云计算技术等的发展更是为教育大数据的收集、存储和分析提供了技术支撑，为大数据视角下高校思想政治理论课教学改革提供了创新条件与保障，使数据化、个性化、多元化、多层次教学得以实现。

大数据时代高校思想政治理论课教学环境与传统教学环境相比发生了新的变化，也呈现出了新的发展趋势，如何适应这一新变化并探索思想政治理论课教学改革，是一个亟须研究和解决的问题。将大数据理论与方法引入高校思想政治理论课教学领域，既是大数据环境下顺势而为的表现，也有助于创新教学理念，为提升高校思想政治理论课的实效性提供有效途径，更为高校思想政治教育科学化发展提供了新的理论支持，同时推动了高校思想政治理论课教学建设体系的创新。以此为选题具有重要的学术价值和实践价值，很有意义。

在撰写本书的过程中，我参考了国内外专家、学者的有关著作，吸收了许多有益的研究成果。武汉文理学院的领导、同事们也给予了我很大的帮助。马克思主义学院院长毛传清教授严谨求实的治学态度、高度负责的敬业精神、谦逊朴实的为人品德、宽厚坦荡的高尚情怀深深影响着我，无论多忙，他都认真对待我的求教，就书的结构和内容给予了非常中肯的意见；副院长曹卓副教授及吕翠华副教授、刘兰兰副教授、潘红霞博士、田青青博士都为我提供了大量的参考文献，提出了许多建设性的建议，使我受益匪浅；李雅清老师、罗义欣老师、周娟老师、祁铂老师、贺志瑞老师非常热心地帮我搜集整理了相关资料；在与彭英老师、黄晨曲老师、王丽娜老师、陈丹老师、方如萍老师的交流和讨论中，我收获不少；张媛老师、肖俊杰老师、阚欣老师、陈诗言老师、万秋老师、肖欣怡老师、余晨老师、杨蕴老师也对本书的撰写给予了热情的帮助；在课堂教学过程中，质评中心雷万忠教授、程洪教授提出的宝贵意见也为本书的撰写提供了重要参考。在书稿即将付梓之际，一并表示真诚的感谢！

由于水平有限，书中难免有疏漏和不妥之处，恳请各位读者和专家批评指正。

曹晓冉

2023 年 8 月于武汉文理学院